Uli Auffermann

Die schönsten
Kölner
Stadtspaziergänge

Karneval, Köln und 2000 Jahre Geschichte

20 Themenrundgänge

Anaconda

Inhalt

Blick vom rechtsrheinischen Kennedy-Ufer

**Kletterspaß an der
Hohenzollernbrücke**

3

»Ich mööch zo Foß dursch Kölle jon ...«

Diese lediglich in der Präposition geänderte Zeile aus dem Lied »Heimweh no Kölle« von Willi Ostermann wird ein jeder sofort als tiefsten Wunsch empfinden, der jemals die einzigartige Stadt am Rhein besucht hat! Denn die viertgrößte Metropole Deutschlands ist so vielfältig, so offen, so interessant, dass man sich sofort von ihr angezogen fühlt, dass man sie erkunden, sie erleben will.

Köln steht für große Geschichte, für Kultur und Schaffenskraft. Köln ist charismatisch, inspirierend und modern. Im Angesicht der beeindruckenden historischen Bauwerke findet sich dort die Jugend dieser Welt ein, entspannt und voller Leichtigkeit. »Et kütt wie et kütt« und »Et hätt noch immer jot jejange« – das ist für den Kölner Ausdruck eines Lebensgefühls und erlaubt ein beinahe mediterranes Miteinander der Generationen.

Und mittendrin steht der Dom, der schon optisch die Stadt zum nicht kopierbaren Unikat macht! Das Herz aber, die Seele, ist der Rhein, der »Rhing«. Von fast meditativer Bedeutung zentrieren sich an seinen Ufern die Menschen, sie spiegeln sich in seinen Wassern, finden dort ihre Mitte.

Die Kölner mögen mir verzeihen, wenn ich auf meinen 20 Stadtspaziergängen als Besucher so manches nicht aufspürte, was nur der Einheimische kennen mag. Und doch möchte ich alle Leser einladen, mir zu folgen und auf Entdeckungsreise durch eine faszinierende Stadt zu gehen. Viva Colonia!

Im Stadtgarten – durch die Bäume lugt der »Colonius«.

Die 20 Stadtspaziergänge

Frühlingspracht in der Flora

1 Rund um den Kölner Dom

Köln kompakt

Eine geballte Ladung Köln erfahren wir auf diesem kleinen Streifzug im Herzen der Stadt – jede Menge Kultur, Historie und typisch Kölsches können wir hier erleben. Museen der Extraklasse, bedeutende Kirchen, Kneipenflair und modernes Entertainment, alles rund um den Dom, und natürlich mit einem Abstecher zum Rhein.

■ **Dauer**
1 Std.
■ **Route**
Hauptbahnhof, Dompropst-Ketzer-Straße, Marzellen-straße, St.-Andreas-Kirche, Kardinal-Höffner-Platz, Dom, Wallrafplatz, Am Hof, Roncalliplatz, Heinrich-Böll-Platz, Rheinufer, Goldgasse, Hauptbahnhof
■ **Ausgangspunkt**
Hauptbahnhof
■ **Ziel**
Hauptbahnhof
■ **Verkehrsanbindung**
Am Hauptbahnhof treffen sich verschiedene S- und U-Bahnen sowie Stadt-bahnen und Buslinien.

Auf geht's – vom Dom zu den anderen Highlights

Vom **Bahnhofsvorplatz**, der vor etwa zehn Jahren fußgänger-freundlich und einladend umgestaltet wurde, empfiehlt sich gleich der Blick nach rechts auf die wohl prächtigste und größte Barockkirche der Stadt, unser erstes Ziel. **St. Mariä Himmelfahrt** ist eine von fünf Barockkirchen in Köln und wurde 1618 bis 1689 nach Plänen von Christoph Wamser errichtet. Die glanzvolle Ausgestaltung des Innenraums musste nach dem Krieg komplett neu zusammengestellt werden und ist nicht nur für Liebhaber dieser üppigen Einrichtungen ein Augenschmaus. Sehr viel älter, nämlich um 960 erbaut, zeigt sich dagegen die **St.-Andreas-Kirche ❶**, die wir über die Dompropst-Ketzer-Straße und die Marzellenstraße erreichen. Bei ihrer Gründung befand sich das Gottes-

Die romanische St.-Andreas-Kirche

haus noch außerhalb der Stadtmauern, heute indes liegt es mitten im Bankenviertel. Romanische und gotische Stilelemente vereinen sich in dem ehemaligen Chorherrenstift. Sehenswert und von Bedeutung sind z. B. die gotischen Wandmalereien in der Marienkapelle. Sie stellen Ausschnitte aus dem Leben der Mutter Gottes dar. Dunkel leuchtende Chorfenster, die gegen Ende des 19. Jahrhunderts ergänzt wurden, vermitteln ein ungewöhnliches Flair.

Wir wenden uns nun Richtung Dom, kommen vorbei am Haus von KölnTourismus (geöffnet Mo–Sa von 9–20 Uhr, sonn- u. feiertags von 10–17 Uhr) und gelangen auf den

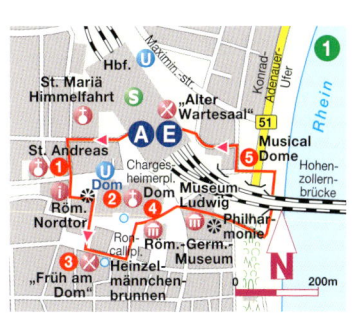

Aufwendige Details zieren den Dom

Kardinal-Höffner-Platz. Gleich zu Anfang stehen wir vor der »**Turmblume**«; sie ist einem Detail der gewaltigen Türme der Westfassade nachgebaut, und links von ihr, schon auf der Domplatte, sehen wir Relikte des römischen **Nordtors**, das einst zur antiken Stadtbefestigung gehörte. Genau an dieser Stelle wurde es unter der Erde entdeckt und noch einmal aufgestellt. Der größere Überrest des Fundstücks ist im Römisch-Germanischen Museum zu besichtigen.

Natürlich nimmt der **Dom** ❷ sofort unsere Aufmerksamkeit in Anspruch; trotzdem zu beachten ist auch die (nicht unumstrittene) Gestaltung der Domplatte, die ihre größte Ausdehnung an der Domsüdseite hat: Ende der 1960er-Jahre kreierte Fritz Schaller das geometrische Granitmuster. Doch ganz ehrlich: Der Dom fesselt den Blick, denn er ist Mittelpunkt, Wahrzeichen und absolutes Highlight der Stadt. Die beiden Kirchtürme dominieren die Silhouette Kölns und machen die

Wo d'r decke Pitter klingt

Am Südturm des Kölner Doms sind 533 Treppenstufen zu überwinden, um auf die rund 100 m hohe Plattform zu gelangen. Eine herrliche Aussicht über die Stadt und den Rhein bis hin zum Siebengebirge – wenn es das Wetter zulässt – belohnt die Mühe. Beim Auf- oder Abstieg kann man einen Blick auf die Glocken werfen. In der Glockenstube finden sich gleich acht davon, deren größte die Sankt-Peters-Glocke ist – »d'r decke Pitter«, wie die Kölner sie liebevoll nennen. Mit 24 t Gewicht ist sie die größte frei schwingende Kirchenglocke weltweit. Für Aufregung sorgte Anfang 2011 der Absturz des riesengroßen Klöppels vom »decke Pitter«. Unter gewaltigem Gepolter schlug er auf und zerbrach.

Kathedrale mit 157,38 Metern – wobei der Südturm sieben Zentimeter niedriger ist als der Nordturm – zum noch immer zweithöchsten Bauwerk der Stadt nach dem Fernmeldeturm. Der größte gotische Kirchenbau des deutschen Sprachraums nimmt beinahe 8000 Quadratmeter Grundfläche ein, dabei ist er alles in allem 145 Meter lang, während das Querhaus eine Breite von 86 Metern misst. 1996 wurde der Kölner Dom von der UNESCO zum Weltkulturerbe erklärt. Besucher aus aller Herren Länder tummeln sich hier. Jede Reisegruppe muss einmal den Dom St. Peter gesehen haben!

1248 legte man den Grundstein zu diesem prächtigen Gotteshaus, wohl in der Absicht, dem Schrein der Heiligen Drei Könige eine angemessene Heimstatt zu erbauen. Diese Reliquien, die Erzbischof Rainald von Dassel bereits im Jahr 1164 nach der Eroberung Mailands nach Köln holte, machten den Dom dann auch zur wichtigen Pilgerstätte in Europa. Tatsächlich vollendet wurde er aber erst 1880; fehlendes Geld und mangelndes Interesse ließen den Kirchenbau zuvor fast 300 Jahre lang brachliegen. Nicht zuletzt das Gedankengut der deutschen Romantik inspirierte zum Fortbau, den König Friedrich Wilhelm IV. 1842 in Angriff nahm – und nach gerade einmal 38 Jahren war es geschafft. Dass die Kathedrale später den Zweiten Weltkrieg relativ wenig zerstört überstand, ist eigentlich kaum zu erklären.

Der Südturm kann auch bestiegen werden.

Inzwischen sind die größten Feinde des Doms die Witterung und die schädlichen Umwelteinflüsse der modernen Zivilisation. Die Dombauhütte sorgt dafür, dass der Erhalt und die Restaurierung durch die mehr als 80 Spezialisten ohne Pause fortgesetzt wird. Zu einer Art Baldachin von 43 Metern Höhe schwingen sich die 22 Gewölbe des Hochschiffs im Innenraum empor. Dabei flankieren das Hauptschiff je zwei Seitenschiffe. Ihre letzte Ruhe fanden die Heiligen Drei Könige Caspar, Melchior und Balthasar im Dreikönigsschrein. Sie sind die Kölner Stadtpatrone und werden symbolisiert durch die drei Kronen im Stadtwappen. Der üppig verzierte, kostbare Schrein repräsentiert Goldschmiedekunst des Mittelalters, wie sie ihresgleichen sucht. Direkt hinter dem Hochaltar wurde der über 300 Kilogramm schwere Königsschrein erhöht platziert.

Auf der Domplatte – Mensch oder doch Skulptur?

Wer auch einmal hinauf auf den Südturm möchte, steigt rechts neben dem Portal einige Stufen hinunter – eine mehrere Meter hohe Säule weist den Weg. Die anschließenden Treppen hinauf sind ganz ordentlich anstrengend, doch der Fernblick, den man oben genießt, entschädigt für alle Mühen!
Wir setzen die Runde fort, kommen von der Domplatte zum ebenfalls autofreien Wallrafplatz und in der Straße Am Hof zum **Heinzelmännchenbrunnen**. Liebevoll gestaltet, erzählt er die Dichtung der »Heinzelmännchen von Cölln« nach.

Dahinter steht das **Brauhaus Früh 3**; ein Muss, dort einmal ein kühles Kölsch zu genießen. Was gibt es dazu? Die »Fooderkaat« bietet von »Halve Hahn« (Roggenbrötchen mit mittelaltem Gouda, Zwiebeln und Senf) über »Kölsche Kaviar« (Blutwurst mit Zwiebeln) oder »Himmel un Äd« (Himmel und Erde: Stampfkartoffeln mit Äpfeln, dazu gebratene Blutwurst) allerlei typisch deftige Brauhausmahlzeiten.

Über den ausgedehnten Roncalliplatz geht es noch einmal auf den Dom zu, danach am **Römisch-Germanischen Museum 4** und der Philharmonie vorbei weiter zum Museum Ludwig – jedes ein kultureller Glanzpunkt der Extraklasse: Es war in den 1940er-Jahren, als man das römische Dionysos-Mosaik entdeckte, und seit 1974 erstreckt sich genau darüber das Römisch-Germanische Museum. Eindrucksvolle Funde von der Urzeit bis hinein ins frühe Mittelalter berichten von der Geschichte Kölns. Schon im

Brauhaus Früh am Dom

Der »Alte Wartesaal«

Der aus dem Fernsehen bekannte »Alte Wartesaal« ist Tanzclub, Bistro und Restaurant in einem. Die Züge fahren über ihn hinweg, denn er liegt direkt unter dem Gleis 1. Im Wartesaal produziert der WDR z. B. die Kabarettsendung »Mitternachtsspitzen« mit dem Kölner Moderator und Kabarettisten Jürgen Becker. »Es ist noch immer gut gegangen«, so lautet dessen typisch kölsches Motto vor jeder Sendung – hier in hochdeutscher Übersetzung. Zum Abschluss der Tour könnte man dort einmal reinschauen (Johannisstr. 11, tgl. 12–2 Uhr, www.wartesaal.de).

Vorbeigehen lassen die großen Fenster erkennen, welche Schätze dort auf den Besucher warten.

Die **Philharmonie** dagegen fasziniert auf ganz andere Weise. Sie ist nicht nur ein Musikveranstaltungsort von Rang, sie überrascht auch durch das einzigartige Ambiente des unterirdisch gebauten Konzertsaals im Stile eines Amphitheaters. 1986 eröffnet, gastieren hier Musiker und Dirigenten von Weltruhm. Dabei geht es nicht nur um klassische Töne: Das Angebot umfasst das ganze Programm bis hin zu »Kölscher Musik«.

Das benachbarte **Museum Ludwig** zählt zu den bedeutendsten Museen für zeitgenössische und moderne Kunst in Europa. Werke von Künstlern wie Roy Lichtenstein, Andy Warhol, Pablo Picasso oder Salvador Dalí sind vertreten. Nebenbei kann man dort im Café Holtmann's mit herrlichem Blick hinüber zur Rheinbrücke eine Pause einlegen.

Oberhalb der Philharmonie finden wir dann den **Heinrich-Böll-Platz**, benannt nach dem berühmten Kölner Schriftsteller und Literatur-Nobelpreisträger, der ebenso ein politisch engagierter Querdenker war. Dani Karavan, ein israelischer Künstler, gestaltete diesen Platz mit dem Stufenturm im Zentrum, auf Hebräisch »Ma'alot«.

Markant und ein weiteres Wahrzeichen der Stadt ist die **Hohenzollernbrücke** mit ihren drei geschwungenen Fachwerkbögen, bei der wir auf unserem Streifzug an den Rhein gelangen. Sie ist für den größten Teil des Zugverkehrs sozusagen das »Tor« zum Kölner Hauptbahnhof. Ebenfalls unübersehbar und als letzter Hingucker unserer Tour präsentiert sich zum guten Schluss die knallblaue Zeltkonstruktion des **Musical Dome** ❺. Diese außergewöhnliche Konzert- und Theaterhalle wurde 1996 erbaut und ist mit über 1700 Sitzplätzen die größte der Stadt. Musical-Erfolge wie »Saturday Night Fever«, »We Will Rock You« oder »Hairspray« garantierten ein volles Haus.

Noch ein paar Gehminuten, dann sind wir zurück am **Hauptbahnhof**.

Die Hohenzollernbrücke leitet den Blick zum Dom.

2 Kölnisch Wasser

Vom »Drüggen Pitter« zum Kölner Pegel

Wasser fasziniert, ob als großer Strom oder als gluckernde Quelle. »Kölle am Rhing« bietet reichlich von diesem Element, nicht nur im Rhein, sondern auch in verspielten Brunnen, als weltbekanntes Duftwasser oder im begehrten Kölsch. Dem spüren wir nach – denn es gilt das Motto des Liedes der »Bläck Fööss«: »Dat Wasser vun Kölle is jot«!

■ Dauer
1 Std.
■ Route
Hauptbahnhof, Bahnhofs-
vorplatz, Kardinal-Höffner-
Platz, Dom, Roncalliplatz,
Am Hof, Unter Gold-
schmied, Kleine Buden-
gasse, Rathaus, Obenmars-
pforten, Alter Markt,
Ostermannplatz, Lintgasse,
Fischmarkt, Rheinufer,
Kölner Pegel, Markmanns-
gasse, Heumarkt
■ Ausgangspunkt
Hauptbahnhof
■ Ziel
Stadtbahn-Haltestelle
»Heumarkt«
■ Verkehrsanbindung
Zum Hauptbahnhof
zalreiche Verbindungen;
vom Heumarkt: Stadtbahn-
Linien 1, 7 und 9

Los geht es am **Hauptbahnhof**. Über den Bahnhofsvorplatz schlendern wir zum Kardinal-Höffner-Platz. Nahe der »Turmblume« kann man schon ein neueres Beispiel eines Stadtbrunnens entdecken: den runden, in den Boden eingelassenen **Taubenbrunnen** – ein Kunstobjekt von Ewald Mataré. Und wirklich, der Brunnen macht seinem Namen alle Ehre: Die zahlreichen Stadttauben lieben ihn und sitzen mit Vorliebe auf den Einfassungen der zwei halbrunden Metallelemente.

Einmal um das Domportal herum, steht auf der Südseite des Doms gleich der nächste Wasserspender: der **Peters-brunnen ❶** auf der Papstterrasse, auch »Drügger Pitter« (Trockener Peter) ge-nannt, weil er lange vernachlässigt und

Gegenüber vom »Drüggen Pitter« steht das Dom-Hotel.

nicht ans Wasser angeschlossen wurde. Dabei ist er der älteste künstlerisch gestaltete Brunnen Kölns. 1870 stiftete ihn Königin Auguste. Das neugotische Bauwerk beeindruckt allein schon durch seine Größe von 8,50 Metern. Vor seiner Restaurierung stand es übrigens an der Ostseite des Doms. Bis zum 19. Jahrhundert hatten die zahlreichen Kölner Brunnen die wichtige Funktion der Trinkwasserversorgung und waren also eher zweckbestimmt. Heute erfreuen sie uns in ihrer Vielfalt und verschönern das Stadtbild. Dass das Auge »mittrinkt«, wussten wohl schon die Römer, denn von ihnen sind bereits im römischen Köln kunstvolle Brunnen bekannt.

**Einst vertrieb die neugierige Schreiners-
frau die fleißigen Heinzelmännchen.**

Wir überqueren den ausgedehnten Roncalliplatz und laufen vorbei am **Dom-Hotel**, das 1890 bis 1893 von Berliner Architekten als Neubau errichtet wurde. Im Krieg erlitt das mächtige Schieferdach mit seinen Kuppeln, das zuvor das fünfgeschossige Gebäude überhöhte, leider schwere Schäden und wurde nicht wieder rekonstruiert. Gern wird das Hotel dagegen heute als Kulisse für den ein oder anderen Fernsehfilm genutzt, und auf der durch große Glaswände geschützten Terrasse sitzend, kann man dem bunten Treiben auf dem weitläufigen Platz entspannt zusehen.

An der Straße Am Hof treffen wir anschließend auf das traditionsreiche **Brauhaus »Früh am Dom«**. Dort genießt man das Wasser dann in seiner schönsten Form: als obergäriges Kölsch, gezapft in die typisch Kölner Stangen – schlanke, hohe Gläser, in denen das Bier möglichst lange frisch bleiben soll. Gleich vor dem »Früh« ließ der »Cöllner Verschönerungsverein« den **Heinzelmännchenbrunnen** ❷ aufstellen, zum 100. Geburtstag des Dichters August Kopitsch, aus dessen Feder die als Ballade von 1836 nacherzählte Legende stammt. Wer kennt nicht die hübsche Geschichte über die fleißigen Heinzelmännchen von Köln, die von der unbezähmbaren Neugier der Schreinersfrau vertrieben wurden? Und wer hätte sie nicht gern einmal zu Hause? Im aufwendig gestalteten Aufbau sieht man die armen Wichtel des Nachts noch einmal die Treppe hinunterpurzeln, während die unglückselige Handwerkersfrau von oben mit der Laterne leuchtet. Der Sockel dagegen zeigt die fleißigen Helfer bei der heimlichen Arbeit. Das Ganze ist umrahmt von großzügig angelegten Blumenrabatten – hier lässt es sich an einem heißen Sommertag herrlich unterm Sonnenschirm pausieren.

Wir schlagen nun den Weg ein hinüber zum kleinen Theo-Burauen-Platz, benannt nach dem beliebten und langjährigen einstigen Oberbürgermeister der Stadt. Das einige Meter lange Stück eines **römischen Abwasserkanals** ist an der Straße Kleine Budengasse ausgestellt – eine weitere Facette zum Thema »Wasser«. Wo dieser Kanal eigentlich herstammt, kann man sich im **Praetorium**, dem ehemaligen römischen Statthalterpalast, dessen Grundmauern sich unter dem Rathaus befinden, ansehen, denn gleich wenige Meter weiter ist der Eingang.

An der Südseite des Doms ist der Papst verewigt.

Original Kölsch genießen

Auf eine lange Tradition können die zahlreichen Brauhäuser der Stadt zurückblicken. Sie sind der ideale Ort, um in urigem Ambiente ein echtes Kölsch zu genießen. Das obergärige Bier wird häufig noch vom »Köbes« serviert, einem Kellner in der alten blauen Brauknechtstracht. Ein Tipp: Das Kölsch wird so lange ohne ausdrückliche Bestellung vor den Gast gestellt, bis dieser sein Glas mit dem Bierdeckel abdeckt und damit signalisiert, dass er nichts mehr möchte!

Um die Ecke des sogenannten Spanischen Baus herum gehen wir durch die Gebäudekomplexe des Kölner Rathauses. In einem Mix aus historischen und modernen Anteilen – auch hier hatte der Krieg gewütet – waren Wiederaufbau und Neubau ab den 1950er-Jahren erfolgt. Linker Hand sehen wir das **Historische Rathaus** mit dem markanten Turm, das seine Ursprünge im 12. Jahrhundert hat und im Laufe der Geschichte immer weiter wuchs. Vor diesem werden aktuell (Frühjahr 2011) alte Fundamente der mittelalterlichen Bebauung freigelegt und durch Infotafeln erklärt.

Farina-Haus mit Duftmuseum

Wir sind auch schon fast am nächsten interessanten Wegpunkt angekommen, nämlich an den Schaufenstern des **Farina-Hauses** ❸, dem einstigen Wohnhaus des Johann Maria Farina (1685–1766). 1709 entwickelte dieser das weltberühmte »Eau de Cologne«. Das Geschäftshaus aus der Zeit des Historismus kann als das bedeutendste in Köln bezeichnet

Zum »Kallendresser«

Am Alter Markt 24 hängt oben am Dach eine kleine Figur in unverkennbarer Haltung: der »Kallendresser«, zu Hochdeutsch »Regenrinnenscheißer«. Er demonstriert auf witzige Weise die Zeit, als es noch nicht überall Toiletten in den Wohnhäusern gab und der eine oder andere Bewohner des Dachgeschosses kurzerhand die Regenrinne umfunktionierte.

werden. In der abgerundeten Eckfassade zur Straße Unter Goldschmied wurden das Familienwappen und eine Inschrift eingearbeitet. Im Duftmuseum wird man durch 300 Jahre Geschichte der Düfte geleitet – allerdings nur im Rahmen einer Führung.

Gleich gegenüber kann man auf dem kleinen Gülichplatz den eher unauffällig platzierten **Fastnachtsbrunnen** ausmachen. Ihn schmücken nicht nur Tänzer des Kölner Karnevals, sondern auch ein Zitat von Goethe. So soll er auf die Einladung des Festkomitees 1825 geantwortet haben: »Löblich wird ein tolles Streben, wenn es kurz ist und mit Sinn. Heiterkeit zum Erdenleben sey dem flüchtgen Rausch Gewinn.«

Das helle moderne Gebäude des **Wallraf-Richartz-Museums & Fondation Corboud**, bedeutendstes Kunstmuseum Nordrhein-Westfalens, ist dagegen nicht zu übersehen. 2001 wurde das neue Haus eingeweiht. Wir folgen der Straße Obenmarspforten links Richtung »**Alter Markt**« ❹, der schnell erreicht ist.

Die Schiffe der »Köln-Düsseldorfer« laden zu einer beschaulichen Rheinfahrt ein.

Auch wenn es für Nicht-Kölner gewöhnungsbedürftig klingt: Der Name »Alter Markt« wird niemals gebeugt – man geht also stets auf den »Alter Markt«! Und dort ist immer etwas los. Als einer der Anziehungspunkte der Stadt ist er nicht nur Zentrum der altstädtischen Kneipenszene – hier wird richtig gefeiert, sei es im Karneval, der traditionell am 11.11. um 11.11 Uhr eröffnet wird, oder bei anderen großen Festen. Über-all gibt es Straßencafés, Kneipen und Restaurants – und in der Mitte den **Jan-von-Werth-Brunnen**: Er erinnert nicht nur an die Sage über die unglückliche Liebe von Jan und Griet, son-dern auch an Peter Gath (1898–1959), der sich um den Erhalt der Kölner Sagen, Legenden und Geschichten verdient ge-macht hat.

In der schmalen Lintgasse erlebt man Altstadtflair im klassi-schen Sinne, obwohl das Martinsviertel, wie die Altstadt hier auch heißt, nach dem Krieg schwer beschädigt war. Ein Schild weist rechts fast versteckt durch eine schmale Gasse zum

Ostermannplatz. Willi Ostermann (1876–1936) war eines dieser kölschen Originale, dem wohl einer der schönsten Brunnen der Stadt, der 1939 eingeweihte Ostermann-Brunnen, gewidmet ist. Zu sehen sind Figuren aus seinen Hits. »Heimweh no Kölle«, sein berühmtestes Lied, kann wohl jeder Kölner mitsingen.

Wir kehren zurück in die Lintgasse, von der winzige, enge Gässchen malerisch abzweigen, und gelangen hinunter zum **Fischmarkt ❺**, den man ebenfalls besucht haben muss. Farbenfrohe, spitzgieblige und teilweise unglaublich schmale Häuserfronten prägen das Erscheinungsbild, und dahinter baut sich die Kirche Groß St. Martin auf. Hier auf dem Platz lässt es sich herrlich einkehren. Besonders gewonnen hat der Fischmarkt noch einmal durch den Rheinufertunnel, der seit Mitte der 1980er-Jahre die Bundesstraße 51 unterirdisch verlaufen lässt und den benachbarten Rheingarten erst möglich machte.

Zum Schluss bummeln wir an den Ufern des Rheins durch die Grünanlage des **Rheingartens**. Die weiße Tonne des **Kölner Pegels ❻**, der schon so manches dramatische Hochwasser anzeigen musste, ist bereits sichtbar. Noch romantischer zeigt sich der Rhein von einem der vielen Ausflugsschiffe – ein schöner Abschluss für alle, die noch nicht genug haben vom Thema »Wasser«!

Bei Hochwasser im Brennpunkt der Medien: der Kölner Pegel

3 Die Römerstadt Köln

Zurück in die Antike

Als aus dem kleinen Ubierdorf am Rhein eine römische »Colonia« wurde und diese dann zur Provinzhauptstadt aufstieg, waren im wahrsten Sinn des Wortes die Fundamente für die älteste deutsche Millionenstadt gelegt – und ihren Namen hatte sie auch schon weg! In der Kölner Innenstadt finden sich zahlreiche spannende Spuren römischer Kultur.

■ **Dauer**
1 Std.
■ **Route**
Friesenplatz, Magnusstraße, Helenenstraße, St.-Apern-Straße, Römerturm, Burgmauer, Zeughaus, Komödienstraße, Domplatte, Roncalliplatz, Römisch-Germanisches Museum, Hauptbahnhof
■ **Ausgangspunkt**
U-Bahnhof »Friesenplatz«
■ **Ziel**
Römisch-Germanisches Museum
■ **Verkehrsanbindung**
Zum Friesenplatz: U-Bahn-Linien U3, U4, U5, U12 und U15; vom Hauptbahnhof zahlreiche Möglichkeiten

Startpunkt ist am **U-Bahnhof »Friesenplatz«**; hier folgen wir der Magnusstraße bis zum Abzweig Helenenstraße, in die wir rechts einbiegen. An der Kreuzung mit der St.-Apern-Straße treffen wir auf unser erstes Zeugnis römischer Besiedlung: Hier steht der fast völlig von Ranken überwucherte **Hele-**

Ein Relief zeigt den Verlauf der römischen Stadtmauer.

nenturm ❶. Die halbkreisförmigen Überreste dieses Turms sind von einer winzigen Grünanlage umgeben, und fast scheint es, als wäre er als Denkmal ganz in Vergessenheit geraten. Es ist durchaus nicht ungewöhnlich, dass man im Kölner Stadtgebiet auf alte Römermauern stößt, ohne dass sie besonders hervorgehoben oder bezeichnet sind. Dennoch, der Helenenturm hat Ausstrahlung.

Nun geht es weiter zu einem spektakuläreren Relikt der Römer: Am Ende der St.-Apern-Straße/Ecke Magnusstraße stehen wir direkt am »**Römerturm**« ❷. Schöne Ornamente und ein Zinnenkranz schmücken diesen ehemals nordwestlichen Eckturm der römischen Stadtmauer, der etwa um das Jahr

Hübsch verziert präsentiert sich der Römerturm an der Magnusstraße.

50 erbaut wurde. Sehr interessant ist auch die große Bodenplatte vor dem runden Turm, denn sie zeigt ein Relief, auf dem

genau zu sehen ist, wo die einstige Stadtmauer einmal verlief und wo die insgesamt 19 Türme und neun Stadttore damals errichtet wurden. Auch den Helenenturm finden wir darauf wieder.

Weiter geht es Richtung Innenstadt. Die sogleich links abzweigende Mohrenstraße ist bei der römischen Spurensuche zwar nicht auf der Liste, dafür aber spielt sie im Kölner Karneval eine Rolle, die nicht unerwähnt bleiben soll: Hier endet jedes Jahr der Rosenmontagszug. Weiter geradeaus laufen wir in die Straße Burgmauer, wo man schon die auffälligen weißroten Fensterläden des **Zeughauses** ❸ entdeckt. Kurz zuvor passieren wir ein weiteres Stück alter Römermauer an der linken Straßenseite, das an einen Abschnitt einer normalen Backsteinmauer angrenzt, aber gut als altes Relikt erkennbar ist. Dann stehen wir vor dem Zeughaus, dessen Südfront auf der Linie der historischen römischen Stadtmauer verläuft. Der lang gestreckte Bau aus den Jahren 1594 bis 1606 wäre in seinem rötlichen Ziegelkleid eher unauffällig, würden ihn nicht die schönen Stufengiebel und die leuchtenden Fensterläden zieren. In Baustil der Niederländischen Renaissance errichtete es die freie Reichsstadt Köln und nutzte es als Waffenkammer. Heute ist das Haus Standort des Kölnischen

Die Säule vor dem Zeughaus ist Teil eines römischen Brunnens.

Stadtmuseums, das auf lebendige Weise die Kölner Historie vom Mittelalter bis zur Jetztzeit darzustellen weiß.

Hoch oben auf dem Treppenturm dagegen kann man seit 1991 das Objekt »Goldener Vogel« von HA Schult ausmachen: ein vergoldetes Auto mit übergroßen goldenen Vogelschwingen. Ein echter Zankapfel war diese Kunst am Bau, denn jahrelang lagen sich der damalige Regierungspräsident Franz-Josef Antwerpes und die Museumsleitung in aller Öffentlichkeit in den Haaren, ob die Plastik an einem solchen Turm überhaupt zulässig sei. Wie man sieht – der »Vogel« ist immer noch da!

Den Turm des Zeughauses krönt der »Goldene Vogel«.

Neben dem Zeughaus existieren noch Reste eines Brunnens aus der Römerzeit. Verblieben ist auch eine dazugehörige, mehrere Meter hohe Säule, auf die der römische Baumeister die Skulptur einer Wölfin drapierte.

Unser Weiterweg führt uns vorüber am Gerichtsgebäude am Appellhofplatz. Anschließend überqueren wir auch schon die größere Tunisstraße und werden gleich zu Beginn der Komödienstraße überrascht – denn unterhalb des Straßenniveaus wird uns ein größeres **Mauerrelikt** aus römischer Zeit aufwendig präsentiert. Eine breite Treppe führt hinab, damit man alles genau in Augenschein nehmen kann, und eine Infotafel an der linken Seite klärt auf, was genau wir hier vor uns haben. Zurück auf dem Bürgersteig wird wiederum durch ein Metallrelief der Standort verdeutlicht. Kurz darauf kann man nochmals, diesmal mitten auf dem Bürgersteig, einen römischen Mauerrest entdecken.

An der großen spätromanischen Kirche St. Andreas vorbei spazieren wir Richtung Dom und hinauf auf die Domplatte. Das **römische Nordtor** ❹ ist ein weiteres spannendes Relikt: Einst war es im nördlichen Teil der römischen Stadtmauer, die sich bis hinunter an den Rhein zog, für die Sicherheit der »Colonia« mit zuständig. Man muss es sich als großes Gebäude mit zwei hohen Türmen vorstellen, das in der Mitte den brei-

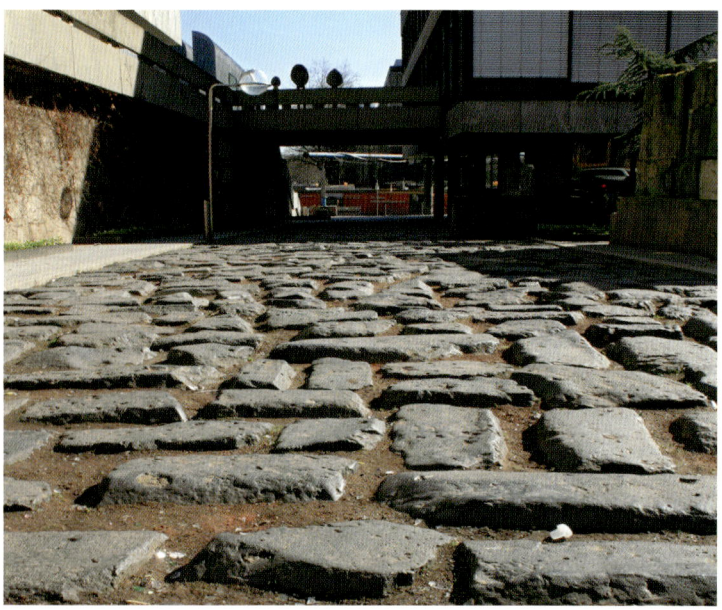

Ein Stück der alten Römerstraße Richtung Rhein ist erhalten geblieben.

Das Römisch-Germanische Museum lockt auch mit attraktiven Sonderausstellungen.

ten Einlass für die Pferdegespanne und an den beiden Seiten schmalere Durchgänge für die Fußgänger bereithielt. Bei Dunkelheit oder drohender Gefahr für die Stadt wurden die Tore mit Gittern gesperrt. Zu sehen ist ein Fußgängerdurchgang des Tors, das genau hier auch geborgen wurde.

Der Bogen der großen Tordurchfahrt wiederum ist im **Römisch-Germanischen Museum** ❺ ausgestellt, das wir gleich darauf am Roncalliplatz erreichen. Jetzt haben wir auch eine ungefähre Vorstellung von der Ausdehnung der Römerstadt an dieser Seite, da wir bis auf den letzten kurzen Abschnitt hinunter zum Fluss fast die gesamte Nordeingrenzung abgelaufen sind.

Bevor es ins Museum geht, gucken wir uns aber noch die sogenannte »Hafenstraße« an. Ein paar Schritte Richtung Am Hof finden wir einige Stufen tiefer den mit dicken Steinen gepflasterten Abschnitt einer alten **Römerstraße**, die einst zum Rhein führte. Gut kann man sich vorstellen, wie hier einst die Karren Richtung Hafen rumpelten. Neben der Straße ist ein Teil des Abwasserkanals ausgestellt, der ehemals unter der Straße verlief. Ausgegraben wurden diese Relikte römischen Lebens beim Bau der benachbarten Tiefgarage.

Das Herzstück unserer Römer-Tour wartet ganz zum Schluss auf uns, denn das Römisch-Germanische Museum zeigt wirklich tolle Fundstücke römischen Erbes aus Köln und seiner Umgebung. Am Anfang stand die Entdeckung der Überreste einer römischen Stadtvilla, und das ausgerechnet beim Bau des Dombunkers während des Zweiten Weltkriegs. Etwa sieben mal elf Meter misst das prächtige Mosaik, das man schließlich freilegen konnte. Es bildet Episoden rund um die Figur des Dionysos ab, der als Gott des Weines, des Rausches und der Fruchtbarkeit galt. Was man damals mit dem Dionysoskult verband, ist in einer Vielzahl einzelner Bildmotive zu sehen, die im 3. Jahrhundert entstanden. Und sie vermitteln

Römische Wurzeln

Köln kann auf eine 2000-jährige Geschichte zurückblicken. Die Wurzeln der Metropole liegen in der Römerzeit, und Spuren ihrer Kultur finden sich noch heute reichlich. Im Jahr 50 war es Agrippina, die Gattin des Kaisers Claudius, die das Ubierdorf »oppidum Ubiorum« zur Kolonie mit dem Namen »Colonia Claudia Ara Agrippinensis« aufwertete. 35 Jahre später wurde diese zur Provinzhauptstadt Germania inferior (Niedergermaniens) und war Sitz des kaiserlichen Statthalters. Die Stadt konnte sich im Folgenden als eines der wichtigsten Zentren des Römischen Reichs nördlich der Alpen etablieren, mit dem Rhein als bedeutender Handelsstraße. Nach langen kriegerischen Auseinandersetzungen endete um das Jahr 450 die römische Ära im Rheinland.

eine ziemlich gute Vorstellung darüber, wie so ein ausschweifendes römisches Fest vonstattenging. Laut und ungehemmt, trinkfreudig und frivol, so beschreiben überlieferte Texte diese Feiern – ein bisschen vielleicht wie der Kölner Karneval. Das bunte Mosaik sollte einst den Boden des Speisezimmers schmücken, und genau über diesem bedeutenden Fund begannen Anfang der 1970er-Jahre die Arbeiten zur Errichtung des Römisch-Germanischen Museums, das 1974 eröffnet wurde. Besonders bekanntes Ausstellungsstück römischer Zeit ist auch die wiederhergestellte Grabstätte des Legionärs Poblicius. Eine herrliche Sammlung

Überall stößt man auf sehenswerte Fassaden.

römischer Gläser – die größte der Welt – sowie kunstvolle Schmuckstücke stellen weitere Höhepunkte dar. Doch gerade auch die Gegenstände des täglichen Gebrauchs sind es, die die interessanten Einblicke in den römischen Alltag ermöglichen. Sollte die Zeit für einen Besuch im Museum diesmal nicht reichen, so kann man wenigstens durch die große Fensterfront schon einmal einen Blick auf das berühmte Mosaik werfen.

Um wieder zum Bahnhof zu gelangen, gehen wir rechts um den Dom herum und erreichen von dort den Bahnhofsvorplatz.

4 Auf Adenauers Spuren

Von der Balduinstraße zum Historischen Rathaus

Er war der erste Bundeskanzler der noch jungen Bundesrepublik: Konrad Adenauer. Viele Jahre zuvor prägte der gebürtige Kölner als Oberbürgermeister seine Stadt wie kein Zweiter. Köln verlieh ihrem berühmten Sohn 1951 die Ehrenbürgerwürde. Wir folgen seinen Spuren von der Kindheit bis zu seiner Wirkungsstätte im Historischen Rathaus.

■ **Dauer**
1.30 Std.
■ **Route**
Rudolfplatz, Habsburgerring, Schaafenstraße, Hahnenstraße, St. Aposteln, Apostelnstraße, Breite Straße, Minoritenstraße, Große und Kleine Budengasse, Mühlengasse, Rheingarten, Hohenzollernbrücke, Konrad-Adenauer-Ufer
■ **Ausgangspunkt**
U-Bahnhof »Rudolfplatz«
■ **Ziel**
Hauptbahnhof
■ **Verkehrsanbindung**
Zum Rudolfplatz: U-Bahn-Linien U12 und U15; vom Hauptbahnhof zahlreiche Möglichkeiten

Vom **U-Bahnhof »Rudolfplatz«** schließen wir uns dem Habsburgerring an, biegen links in die Schaafenstraße und gleich darauf rechts in die Balduinstraße ein. Unser erster Zwischenstopp ist am **Haus Nr. 6 ❶** erreicht, denn hier stand das Geburtshaus von Konrad Adenauer, das leider im Krieg zerstört und neu erbaut wurde. 1876 erblickte Adenauer das Licht der Welt und wuchs in einem eher kleinbürgerlichen Milieu auf, wie es beschrieben wird. Der Vater verdiente das Geld bei der Kölner Justiz am Appellhof. Was einmal aus ihrem Sohn werden würde, konnten die Eltern wohl kaum ahnen, doch legten sie vielleicht den Grundstein, denn es war ihnen wichtig, ihre Kinder auf eine gute Schule zu schicken. Seit 1976, zu Konrad Adenauers 100. Geburtstag, prangt am Haus in der Balduinstraße eine Gedenktafel mit seiner Skulptur.

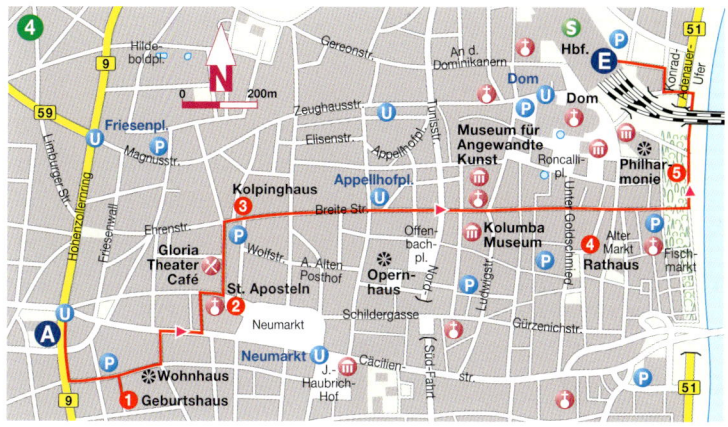

Ende der 1880er-Jahre zogen die Adenauers dann in die Schaafenstraße um. Wir laufen also wieder zurück und hinüber zum **Haus Nr. 7** – danach schauen wir kurz auch mal zum **Haus Nr. 9** (leider ebenfalls der Nachkriegsbau), denn 1854 kam hier Wilhelm-Joseph Millowitsch zur Welt, der Opa vom berühmten Willi …

Ein Kölner Charakter

Konrad Adenauer (1876–1967) widmete sich mit ganzer Kraft der Politik. Als Mitglied des Zentrums war er bereits 1909 Stellvertreter Erster Bürgermeister und von 1917 bis 1933 Kölns Oberbürgermeister. Dabei galt er wegen seines Wirkens weit über Köln hinaus zwischenzeitlich gar als Kandidat für das Reichskanzleramt. 1921 bis 1933 übertrug man ihm das zweithöchste Amt der Republik: Er wurde Präsident des preußischen Staatsrats. Mit der Machtübernahme der Nationalsozialisten verlor Adenauer seine Ämter und zog sich nach Rhöndorf bei Bonn zurück. Doch schon nach Kriegsende setzte er seine politische Karriere in der CDU fort. Von 1949 bis 1963 war Konrad Adenauer der erste Bundeskanzler der frisch gegründeten Bundesrepublik Deutschland.

Und weiter geht die Spurensuche! Sein Schulweg muss Adenauer auch damals schon zur Hahnenstraße geführt haben. Bestimmt war das Überqueren seinerzeit ungefährlicher, denn heute ist die wichtige Ost-West-Verbindung meist stark befahren. Wir steuern nun die St.-Aposteln-Kirche an und kommen dabei am namhaften **Kölnischen Kunstverein** vorbei, der bereits 1839 ins Leben gerufen wurde. In direkter Nachbarschaft zur Kirche treffen wir auf das frühere **Amerikahaus**, heute Sitz der Thyssen-Stiftung. Eine runde Gedenktafel am Haus klärte auf, dass Adenauer im nahen Umkreis von 1885 bis 1894 die Schulbank drückte – die Tafel fehlt zurzeit (2011) wegen Umbaumaßnahmen und wird hoffentlich wieder angebracht. Die Schulgebäude der Knabenschule an St. Aposteln und des »Königlichen Katholischen Gymnasiums an der Apostelnkirche« stehen bedauerlicherweise beide nicht mehr – das berühmte Gymnasium musste bereits der Stadtplanung des Naziregimes weichen.

Der Kleeblattchor der Kirche St. Aposteln

St. Aposteln ❷ selbst präsentiert sich als wunderschönes, in seinen Ausmaßen enormes Bauwerk, das seine Wurzeln im 11. Jahrhundert hat. Es war Teil des von Erzbischof Pilgrim gegründeten Chorherrenstifts. Das beeindruckende Gotteshaus wurde im 13. Jahrhundert noch einmal durch den überkuppelten Kleeblattchor und die byzantinisch wirkende achteckige Kuppel über der Vierung auf das Prächtigste erweitert. Heute fasziniert viele Menschen im Besonderen seine Aura, seine Gegenwelt: Im Trubel der Großstadt hat sich mit St. Aposteln ein Hort der Besinnlichkeit bewahrt.

Auf der Nordseite der Kirche entdecken wir an der Apostelnstraße das **Adenauer-Denkmal**, eine Skulptur aus Bronze, die 1995 als Stiftung der Kölner Bürger vom damaligen Bundeskanzler Kohl eingeweiht wurde. Wichtiger Eckpunkt im Leben Konrad Adenauers ist sicher die Gründung der CDU, und die fand im **Kolpinghaus** ❸ an der Breiten Straße im August 1945 statt. Bereits im Juni hatten sich dort Repräsentanten der früheren Zentrumspartei versammelt, mit dem Ziel, eine christlich orientierte Partei ins Leben zu rufen. Im Januar des folgenden Jahres konnte Adenauer den Vorsitz der CDU in der britischen Zone übernehmen, und wenig später wurde er auch Leiter der rheinischen CDU.

Schön für uns Fußgänger: Kurz darauf und bis zur Tunisstraße ist die Breite Straße autofrei und lädt als eine der Einkaufsmeilen der Stadt zum Bummeln, Shoppen oder zur Einkehr in einem der vielen Straßen-

Eine Skulptur erinnert an Konrad Adenauer.

Adenauers Wirken in Köln

Im alten Zeughaus kann man mehr über Konrad Adenauer erfahren. Das Stadtgeschichtliche Museum präsentiert dort auch einen interessanten Ausstellungsbereich über die »Ära Adenauer in Köln«.

cafés ein. An der Ecke Tunisstraße kommen wir an dem markanten Gebäudekomplex der WDR-Arkaden vorbei. Jetzt steuert uns die Spurensuche immer geradeaus weiter bis zum Rhein. Vorher gibt es aber noch einiges zu sehen.

Unverkennbar – in diesem Haus an der Breiten Straße werden Bücher verkauft.

Für Kunstinteressierte lohnt es sich zu wissen, dass ein kurzer Abstecher von der Minoritenstraße nach rechts in die Kolumbastraße zum nahen Kunstmuseum des Erzbistums Köln führt, das seit 2004 nach seinem neuen Standort »**Kolumba**« genannt wird. Schon 1853 wurde es als Diözesanmuseum ins Leben gerufene. Bei der Planung des jetzigen Gebäudes integrierte man die Ruine der spätgotischen St.-Kolumba-Kirche sowie die Kapelle »Madonna in den Trümmern« von 1949/50 mit in den Neubau ein, sodass das Museum einen außergewöhnlichen Rahmen findet und auch ohne einen Besuch der Sammlung sehr interessant ist.

Das **Museum für Angewandte Kunst,** u. a. mit der erst 2008 eröffneten Designausstellung, ist dagegen schnell erreicht, wenn man hinter der Minoritenkirche links abbiegt. Unsere Route bringt uns über die Große und die Kleine Budengasse zum **Kölner Rathaus ❹**. Im **Historischen Rathaus** lenkte Konrad Adenauer als Oberbürgermeister die Geschicke der Stadt von 1917 bis 1933. Schon damals zeigte sich sein später viel zitierter Kölner Charakter: Er galt als jovial, aber auch als energisch und durchsetzungsstark und stieß dabei mit seiner oft dominanten Art so manchen Andersdenkenden vor den

Kopf. Doch für die Entwicklung Kölns hin zu einer modernen Stadt des 20. Jahrhunderts steht sein Name wie kein Zweiter. So bewirkte er z. B. die Neugründung der Universität, ließ zum Ausgleich der wachsenden Großstadt den Grüngürtel auf dem Gelände des ehemaligen preußischen Festungsrings anlegen, setzte den Bau des Nordhafens und die Ansiedlung des Westdeutschen Rundfunks um und ließ die lange geplante Mülheimer Brücke errichten. 1930 legte er zusammen mit Henry Ford I. den für Köln so wichtigen Grundstein für die Automobilwerke. Auch die ersten Messebauten von 1924 gehen auf die Initiative Adenauers zurück. Wegen ihres damals sehr schlichten Erscheinungsbilds hießen sie in Köln bald nur noch »Adenauers Pferdeställe«. Doch schnell gewann Köln auch als Messeplatz einen führenden Rang neben Frankfurt und Leipzig.

Wir bewundern indes noch einmal Adenauers Wirkungsstätte, denn wenn auch das Historische Rathaus im Krieg schwer beschädigt wurde, so steht es doch längst wieder in altem Glanz da. Ganz besonders prächtig ist die Renaissancelaube; 1569 bis 1573 erbaut, wird die zweigeschossige Vorhalle von rei-

Das Historische Rathaus mit Renaissancelaube (oben) und Rathausturm (unten), der mit Figuren wichtiger Kölner geschmückt ist.

chem Reliefschmuck geziert. Ein Blick den fünfgeschossigen Turm hinauf muss natürlich auch sein. Er stammt aus den Jahren 1407 bis 1414 und ist ebenfalls kunstvoll verziert. Dabei wurde dem quadratischen Unterbau ein achteckiger Aufbau aufgesetzt, der wiederum das spitze Zeltdach trägt. In den 1990er-Jahren bekam der Turm außen ganz neue Skulpturen hinzu, die u. a. wichtige Kölner Persönlichkeiten darstellen.

Auf dem Weiterweg zum Rhein bietet sich bei einem Abstecher auf den »**Alter Markt**« ausgiebig die Gelegenheit zur Einkehr. Viele schöne Straßencafés und Gastronomieangebote nach jedem Geschmack stehen in der beliebten Fußgängerzone zur Auswahl. Einkehren können wir auch noch etwas später im Schatten der mächtigen Kirche **Groß St. Martin**, denn ihr zu Füßen liegt der **Fischmarkt**. Der herrliche Platz mit den schmalen, farbenfrohen Giebelhäusern könnte schöner nicht sein, um eine letzte Rast einzulegen.

Hier beginnt auch gleich der **Rheingarten** ❺, den wir für die letzte Etappe auf dem Weg zurück nutzen. Der Promenade nach am Rhein entlangspazierend, nähern wir uns der Hohenzollernbrücke. Gleich dahinter beginnt die nach dem berühmten Kölner benannte Straße, dessen Spuren wir folgen durften: das **Konrad-Adenauer-Ufer**. Die große Straße begleitet den Rhein bis zur Zoobrücke. Doch so weit gehen wir nicht mehr, sondern nehmen den kurzen Weg hinüber zum **Hauptbahnhof**.

Im Stil der 1950er-Jahre

Zurückversetzt in die 1950er-Jahre fühlt man sich im gemütlichen »Gloria Theater Café« an der Apostelnstraße 11, das in einem ehemaligen Premierenkino dieser Zeit untergebracht wurde. Mit viel Liebe zum Detail achtete man darauf, den unverwechselbaren Stil der Fünfzigerjahre bei der Einrichtung zu erhalten.

Groß St. Martin überragt das bunte
Treiben rund um den Fischmarkt.

5 Am Neumarkt

Zwischen Kultur und Konsum

Was macht man, wenn das Wetter schlecht ist? Man geht zum Beispiel ins Museum, und davon hat Köln ganz beachtliche. Zur Entspannung zwischendurch kombiniert diese kleine Tour den Museumsbesuch mit einem Kontrastprogramm: Den Tempeln der Kultur folgt ein Bummel durch die Tempel des Konsums am Kölner Neumarkt.

■ **Dauer**
Je nach Lust und Laune zum
Schauen und Bummeln
■ **Route**
Cäcilienstraße, Museum
Schnutgen und Rauten-
strauch-Joest-Museum,
Neumarkt, Neumarkt-Galerie,
Olivandenhof, Neumarkt-
Passage, Käthe Kollwitz
Museum, Neumarkt
■ **Ausgangspunkt**
U-Bahnhof »Neumarkt«
■ **Ziel**
U-Bahnhof »Neumarkt«
■ **Verkehrsanbindung**
U-Bahn-Linien U3, U4, U16
und U18

**Gut geleitet die Sehenswürdigkeiten
der Stadt entdecken**

Die **Cäcilienstraße** ist Ausgangspunkt dieses Spaziergangs. Erste Station: das renommierte **Museum Schnütgen** ❶ das in der stimmungsvollen Pfeilerbasilika St. Cäcilia untergebracht ist. Die romanische Kirche aus dem 12. Jahrhundert wurde nach ihrem Wiederaufbau 1956 zum idealen Hort der Sammlung des Kölner Museums für mittelalterliche Kunst. Holz- und Steinskulptu-

ren, Goldschmiedekunst, Glasmalereien, Kirchenmobiliar und
Handschriften – vielfach international beachtete Meisterwerke –
können hier bewundert werden.
Dabei gehen Exponate und Umgebung eine wunderbare Einheit
ein. Alexander Schnütgen (1843–
1918), nach dem das Museum benannt ist, war Domkapitular in

Köln und überließ 1906 großzügig seine umfangreiche Sammlung der Stadt. Eine kleine grüne Oase stellt der neu gestaltete Cäciliengarten mit seiner mittelalterlichen Anordnung
dar; zudem ermöglicht er der Ausstellung die Erweiterung in
den freien Raum.

Der neue Museumskomplex an der Cäcilienstraße bietet viel Raum für interessante Ausstellungen.

Sehr interessant ist ebenfalls das im Neubau des Schnütgen-Museums eingerichtete völkerkundliche **Museum Rautenstrauch-Joest**. Die Sammlung im gerade erst Ende 2010 eröffneten Gebäude lässt den Besucher teilhaben an einer Entdeckungsreise rund um den Erdball. Dabei helfen mehr als 65 000 Ausstellungsstücke und eine gewaltige Zahl an historisch-ethnologischen Fotos, sich ein Bild zu machen von fernen Kulturen.

Originell: Die Fassade der Neumarkt-Galerie

Anschließend ist es nur ein Katzensprung hinüber zum **Neumarkt**. Von der Cäcilienstraße laufen wir direkt auf das blau schimmernde Glashaus an der Ecke Zeppelinstraße zu. Die Schriftzüge an der Fassade lassen keinen Zweifel mehr zu: Hier beginnt die **Neumarkt-Galerie ❷**. Sicher nicht jedermanns Geschmack ist das spezielle Kunstobjekt obenauf: Dort am Dach »klebt« eine riesengroße Waffeltüte mit Eiskugel.

Bevor es in die Einkaufsgalerie geht, werfen wir noch einen Blick die Straße entlang: Der Neumarkt, der seine Ursprünge im Mittelalter als Viehmarkt hatte,

bietet heute allerdings kein alt-
städtisches Flair mehr. In der
Adventszeit öffnet aber an diesem größten innerstädtischen
Platz jedes Jahr ein stimmungs-
voller Weihnachtsmarkt seine
Pforten. Begrenzt wird der Neumarkt im Süden von der stark
befahrenen Ost-West-Verbin-
dungsstraße; er stellt zudem
(auch unterirdisch) einen wichtigen Knotenpunkt für Busse
und Bahnen dar. Nördlich säu-
men große Gebäude unter-
schiedlichster Stile eine mehr-
spurige Einbahnstraße.
Überraschend dagegen ist der
Blick hinüber zur Westseite des
Neumarkts, denn dort erhebt
sich die gewaltige St.-Aposteln-
Kirche, ein prachtvolles Bauwerk mit fast byzantinischem

**Ein Ort der Ruhe im Trubel des
Neumarkts: St. Aposteln**

Erscheinungsbild aus dem 11. bzw. 13. Jahrhundert. Der Innenraum der Kirche bewahrt einen besonderen Schatz kölni-
scher Bildhauerkunst des 14. Jahrhunderts: die aus Holz gearbeiteten zwölf Apostelfiguren.

Direkt gegenüber der Straßenecke der Neumarkt-Galerie
zweigt die bekannte Schildergasse ab. Sie ist eine der großen
Fußgängerzonen Kölns, wie man sie ganz ähnlich in anderen
Großstädten antrifft. Wir wenden uns deshalb lieber der Ga-
lerie zu, die als überdachte Einkaufsmeile den Vorteil hat, auch

Nette kleine Geschäfte laden zum Genießen ein.

bei schlechtem Wetter den Spaß am Schaufensterbummel zu erhalten. Wir schlendern an den Geschäften vorbei, gönnen uns vielleicht einen Cappuccino oder ein kleines Eis und treffen danach auf die Richmodstraße.

Sportlich Aktive wollen möglicherweise einen Abstecher zum riesengroßen Ladengeschäft von »Globetrotter Ausrüstung« machen und biegen deshalb einmal rechts ab, um nach rund 100 Metern dessen Standort im **Olivandenhof** ❸ zu erreichen. Der Outdoorsport-Ausrüster hat sich richtig Mühe gegeben, seiner Kundschaft etwas zu bieten. Auf vier Ebenen wurden z. B. ein Tauchsportladen mit der Gelegenheit zum Tauchen, eine Kältekammer, ein Klettertunnel und etliches mehr integriert.

Der Neumarkt bietet auch gemütliches Ambiente.

An der Richmodstraße vorbei kommen wir zum Eingang der **Neumarkt-Passage** ❹. Wer genug vom Schaufenstergucken hat, der findet in der Passage eine mehr als attraktive Alternative: das sehr schöne **Käthe Kollwitz Museum** (s. Tipp-Kasten).

Sozialkritisch war auch Lew Kopelew. Der 1912 geborene russische Schriftsteller wurde 1980 ausgebürgert und kam auf Einladung Heinrich Bölls nach Köln, wo er 1997 starb. Kopelew schrieb über seine Zeit dort: »Wir liebten Köln und viele Kölner ... Wir wurden Kölner und blieben Moskauer ...« Das nach ihm benannte **Lew-Kopelew-Forum** in der Neumarkt-Passage erinnert an ihn und bietet Raum für Lesungen und Vorträge.

Wenn wir schließlich das Ende der Passage erreicht haben und feststellen müssen, dass bei so viel Abwechslung die Zeit wie im Flug vergangen ist, dann freut man sich, wenn der **U-Bahnhof »Neumarkt«** nur wenige Schritte entfernt ist.

Kölns größter innerstädtischer Platz

Käthe Kollwitz Museum

Das Museum wurde 1985 von der Kreissparkasse Köln eröffnet und ist das erste Museum speziell für diese überragende Künstlerin des 20. Jh. Da die Stadt Köln die ihr angebotenen Kunstwerke nicht erwerben konnte, engagierte sich das Geldinstitut und gründete selbst ein Museum mit 60 Exponaten, deren Anzahl sie fortlaufend erweiterte. Insbesondere Zeichnungen, aber auch Druckgrafiken und Skulpturen zeigt die Kollwitz-Sammlung. Dabei repräsentieren die Zeichnungen alle Schaffensphasen der Künstlerin. Käthe Kollwitz (1867–1945) nutzte ihr schöpferisches Können, um in aufrüttelnder Weise auf das soziale Elend ihrer Zeit aufmerksam zu machen.

6 Zu den Romanischen Kirchen

Schmuckstücke der Kölner Altstadt

Ganz sicher gehören die zwölf Romanischen Kirchen zu den bedeutendsten historischen Anziehungspunkten der Stadt. 1985 konnte man sich mit dem »Jahr der Romanischen Kirchen« über die komplette Wiederherstellung der Gotteshäuser freuen. Gleich fünf davon liegen auf unserer Runde durch das Stadtviertel.

■ **Dauer**
2 Std.
■ **Route**
Poststraße, Peterstraße, Leonhard-Tietz-Straße, Jabachstraße, Leonhard-Tietz-Straße, Neuköllner-straße, Agrippastraße, Hohe Pforte, Stephanstraße, Kasinostraße, Marienplatz, Königstraße, Rheingasse, Auf Rheinberg, An Lyskir-chen, Große Witschgasse, Georgstraße, Waidmarkt, Blaubach, Waisenhaus-gasse, Am Pantaleonsberg, Am Weidenbach, Poststraße
■ **Ausgangspunkt**
U-Bahnhof »Poststraße«
■ **Ziel**
U-Bahnhof »Poststraße«
■ **Verkehrsanbindung**
U-Bahn-Linien U16 und 18

Die ehemalige Klosterkirche St. Cäcilien

Von der **U-Bahn-Haltestelle** bringen uns die Post- und die Peterstraße zur Leonhard-Tietz-Straße, in die es rechts einzubiegen gilt. Unser erstes Ziel erreichen wir bei einem Abstecher in die Jabachstraße. Vorbei an der im 16. Jahrhundert erbauten spätgotischen **Pfarrkirche St. Peter**, die seit 1987 auch ungewöhnliche Kunststation ist und mit dem Hochaltarbild »Die Kreuzigung Petri« von Peter Paul Rubens einen besonderen

Schatz hütet, kommen wir direkt zur Kirche **St. Cäcilia ❶**. Die beiden Kirchen repräsentieren, was früher weit verbreitet war, doch heute Kölns einzig erhaltenes Nebeneinander von Kloster- und Pfarrkirche ist. Die einstige Damenstiftskirche aus dem 12. Jahrhundert zeigt sich äußerlich von schlichter Schönheit und beherbergt seit ihrem Wiederaufbau 1956 das renommierte **Schnütgen-Museum**, Kölns Museum für mittelalterliche Kunst. Hier findet sich neben anderen bedeutenden Stücken eines der wenigen noch existierenden Kunstwerke der Kölner Bildhauerei von um 1160. Das Abbild der

Blick vom ehemaligen Kreuzgang auf St. Maria im Kapitol

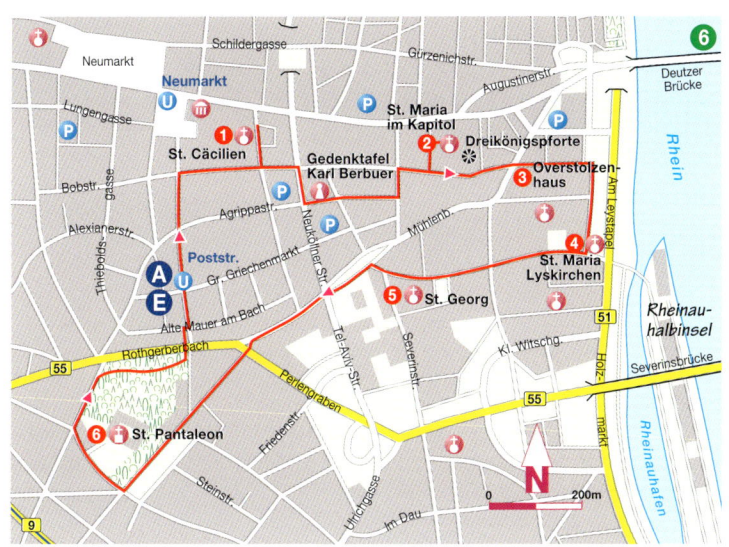

Der Kreuzgang von St. Maria im Kapitol strömt auch heute noch viel Ruhe aus

heiligen Cäcilia, Märtyrerin der Christenverfolgung im Rom des Jahres 232, das auf dem Portalbogenfeld des Nordtors zu sehen ist, kann man im Original im Museum bewundern. Der Neubau des Schnütgen-Museums bietet zudem der völkerkundlichen Ausstellung Rautenstrauch-Joest Platz. Als Ort der

St. Maria im Kapitol

Benediktiner-Äbtissin Ida (1015–1060), eine Enkelin von Kaiser Otto II., setzte sich maßgeblich für die Errichtung des zu seiner Zeit höchst anspruchsvoll gestalteten und ausgestatteten Bauwerks ein. Von beeindruckender Größe – einem Kleeblatt gleich der Grundriss des Chors – war diese Architektur damals einzigartig und von historisch großer Bedeutung; dabei richtete man sich bei der Planung des Langhauses nach den Maßen des römischen Kapitolstempels, der einst hier stand. St. Maria im Kapitol sollte zu einem der reichsten Klöster Kölns werden, und das Grab der Äbtissin Ida hat bis heute seinen Platz im Gotteshaus. Schwere Schäden richtete der Zweite Weltkrieg an; bis 1984 dauerte die Restaurierung, seitdem erstrahlt die Kirche wieder in altem Glanz.

Ruhe lädt der mittelalterlich gestaltete **Cäciliengarten** ein.

Zurück auf der Leonhard-Tietz-Straße, fällt an der nächsten Querstraße das hohe Gebäude des ehemaligen Fernmeldeamts (heute Telekom AG) ins Auge. An der Agrippastraße überqueren wir die Neuköllner Straße, um sogleich am

An der Fassade der Feuerwehr wird an den berühmten Kölner erinnert

Eckhaus eine **Gedenktafel für Karl Berbuer** zu entdecken. Der Komponist und Vortragskünstler (1900–1977) machte sich mit Hits wie »Heidewitzka, Herr Kapitän« und »Wir sind die Eingeborenen von Trizonesien« unvergesslich. Und als begnadeter »Büttenredner« zählte das kölsche Original zum festen Inventar des Kölner Karnevals.

Weiter geht es Richtung **St. Maria im Kapitol ❷** (s. Tipp-Kasten). Sind wir auf der Stephanstraße angekommen, biegen wir kurz darauf links in die Kasinostraße – ein Hinweisschild macht auf die in ihrem Erscheinungsbild ungewöhnliche Kirche aufmerksam, die selbst noch nicht zu sehen ist. Von einem eisernen Zaun eingefasst, erreichen wir nach dem Hofdurchgang – wie man ihn beschreiben könnte – zuerst den ehemaligen Kreuzgang und gehen daran vorbei. In dem be-

Eindrucksvoll restauriert – St. Maria im Kapitol

deutenden Kirchengebäude des 11. Jahrhunderts blieben im Interieur uralte kunstvolle Elemente erhalten, etwa die spätgotische Glasmalerei oder die um 1065 entstandenen, aus Holz gearbeiteten beiden Türflügel.

Wir kehren zurück zur Stephanstraße und gehen von dort zum Marienplatz, von wo man links durch die Dreikönigenpforte einen Abstecher zum Lichhof (Friedhof) von St. Maria im Kapitol machen und dabei auch sehr gut den bauhistorisch wichtigen Kleeblattchor betrachten kann.

In der Rheingasse passieren wir das **Overstolzenhaus** ❸. Der schmucke Bau einer Kaufmannsfamilie, dessen auffällige Fassade fünf Doppelarkaden zieren, ist das einzig erhaltene romanische Wohnhaus (1225–1230 erbaut, 1955 Wiederaufbau) in Köln. Hinter den Stufengiebelgeschossen lagen die Speicherräume, ein Festsaal war im Obergeschoss; heute beherbergt es die Zentrale der Kölner Medienhochschule.

Das Overstolzenhaus ist eine Besonderheit in Köln

Unser nächstes Ziel ist **St. Maria Lyskirchen** ❹, die kleinste der Romanischen Kirchen. Den Zweiten Weltkrieg überstand sie fast unversehrt, und so kann man dort z. B. Wand- und Deckenmalereien des 13. Jahrhunderts bewundern. Weit über die Grenzen Kölns hinaus sind diese Fresken von Bedeutung.

Über die Große Witschgasse und die Georgstraße ist schnell die **St.-Georg-Kirche** ❺ erreicht. Massiv und wuchtig, ja beinahe wehrhaft präsentiert sich die letzte noch vorhandene romanische Säulenbasilika des Rheinlands. Jan Thorn-Prikker war es, der die expressionistischen Fenster (1930) schuf. Aus dem 11. und dem 14. Jahrhundert stammen die beiden Groß-Kreuze.

Neue Stilelemente in den romanischen Kirchen – hier St. Maria im Kapitol

Am nahen Waidmarkt sind es nur etwa 100 Meter bis zu der Unglücksstelle an der Severinstraße, wo am 3. März 2009 das Historische Stadtarchiv einstürzte und zwei Menschen ihr Leben verloren. Ein großer Verlust von Kulturgut ist es zudem, denn nicht alles konnte gerettet werden, und die Erfassung und Sicherung der Fundstücke wird noch Jahre dauern. Unser Weg führt jedoch in die Straße Blaubach und geradewegs hinüber zur letzten Station, der Kirche **St. Pantaleon** ❻. Sie ist einer der ältesten Sakralbauten der Stadt (Mitte 10. Jh.) und schon durch ihre Lage ein Ort der Stille und Besinnung. Zwei schlanke Türme zieren das Gotteshaus, in dessen Chor im Gegensatz zu vielen anderen Kirchen die barocke Ausstattung belassen wurde.

Zurück geht es dann durch die Grünanlage, die die Kirche umgibt, und weiter über eine Fußgängerbrücke, die fast schon hinüber zur Poststraße führt.

7 Am Rheinauhafen

In Kölns neuestem Viertel

Schick und doch mit viel historischem Flair – so präsentiert sich der neu gestaltete Rheinauhafen. In dem einstigen Handelshafen entstand eine faszinierende Mischung aus architektonisch bemerkenswerten Wohn- und Bürohäusern, die im Zusammenspiel mit den noch erhaltenen Hafengebäuden den besonderen Reiz dieses Viertels ausmachen. Eines der Highlights: das Schokoladenmuseum im ehemaligen Zollhaus.

■ **Dauer**
1 Std.
■ **Route**
Heumarkt, Leystapelwerft, Am Tauzieher, Rheinauhalbinsel, Harry-Blum-Platz, Elisabeth-Treskow-Platz, Ubierring
■ **Ausgangspunkt**
Stadtbahn-Haltestelle »Heumarkt«
■ **Ziel**
Stadtbahn-Haltestelle »Ubierring«
■ **Verkehrsanbindung**
Zum Heumarkt: Stadtbahn-Linien 1, 7 und 9; vom Ubierring: Stadtbahn-Linien 15 und 16

Wir starten den Spaziergang an der **Haltestelle »Heumarkt«**. Schnell ist der Beginn der Rheinauhalbinsel erreicht, und ein erster Hingucker taucht auf: Prächtig wie eine kleine Burg empfangen uns die Zinnen des **Malakoffturms** ❶ an der Einfahrt zum alten Hafenbecken. Bei Dunkelheit stimmungsvoll beleuchtet, stammt er noch aus preußischer Zeit und gehörte zu den ersten Anlagen eines Hafens in der Mitte des 19. Jahrhunderts. Er wurde dem Bayenturm nachempfunden, den wir gegen Ende unseres Erkundungsgangs auch noch sehen werden.

Die historische Drehbrücke führt anschließend über das frühere Hafenbecken hinweg auf die Halbinsel. Und sogleich fällt uns ein überdimensionaler goldener Hase auf, der anzeigt, dass wir das **Kölner Schokoladenmuseum** ❷ bereits erreicht haben. Ein Muss für Freunde und alle »Süchtigen« dieser herrlichen Nascherei! 3000 Jahre Kulturgeschichte, von den Azteken bis in unsere Zeit, sind hier zu entdecken. 1993 initiierte der damalige Aufsichtsratsvorsitzende des traditionsreichen Kölner Süßwaren-Unternehmens Stollwerck, Dr. Hans Imhoff, dieses Museum. Seinen Platz fand es im alten Zollhaus. Eingebettet in die hypermodernen Neubauten aus Glas und Aluminium ragt es, einem riesigen Schiff gleich, aus der alten Hafenbefestigung. Spannend sind z. B. die maßstabsgetreu

Der Malakoffturm bewachte einmal die Einfahrt zum Rheinauhafen.

Süße Einladung ins Schokoladenmuseum

verkleinerte Produktionsanlage oder das Tropenhaus; absoluter Höhepunkt aber ist sicher der Schokoladenbrunnen! Hier ist Willenskraft gefordert, der süßen Herausforderung nicht vollends zu erliegen!

Nur ein kleines Stück weiter wartet das nächste Museum auf unseren Besuch: Lange war das nördlichste Lagerhaus der Rheinauhalbinsel ungenutzt; seit 1998/99 bietet es dem **Deutschen Sport- und Olympiamuseum** eine attraktive Heimstatt. Nationale, internationale und olympische Exponate des Sports werden auf rund 2000 Quadratmetern ausgestellt. Und hier soll nicht nur geschaut werden – hier kann jeder aktiv mitmachen! Keine schlechte Idee, so in direkter Nachbarschaft zum Schokoladenmuseum ...

Blick auf Schokoladenmuseum und Severinsbrücke

Beim anschließenden Blick über das Hafenbecken zum »Festland« fällt das **»art'otel«** auf. Das Gebäude mit seinem trapezförmigen Grundriss und den farbig gestalteten Fenstern wurde von der Wiener Architektin Johanne Nalbach und der koreanischen Künstlerin SEO entworfen. Das Vier-Sterne-Superior-Hotel versteht sich als Plattform für die Kunst und bietet den Rahmen für eine Dauerausstellung der Collagen von SEO.

Unser Weg führt nun unter der 1959 fertiggestellten **Severinsbrücke** hindurch, einer der sieben Brücken auf Kölner Stadtgebiet, die eine Spannweite von 450 Metern hat. Markant ist ihre

Alter Kran vor futuristischem »Kranhaus«

gewaltige, dem rechten Ufer deutlich näher stehende Seiltragstütze in A-Form: der sogenannte Pylon mit den mächtigen Spannseilen. Bei der Namensfindung stand der heilige Severin Pate, der um das Jahr 400 Bischof von Köln war.

Ein weiteres, durchaus aufsehenerregendes Highlight liegt nun am Wegesrand der Promenade: die drei **»Kranhäuser«** ❸ nach Entwürfen des Hamburger Architektenbüros Bothe, Richter und Teherani. Wir überqueren danach den Harry-Blum-Platz, der an den ehemaligen CDU-Oberbürgermeister erinnert. Er verstarb 1999 nach nur 169 Tagen im Amt. Am

In gelungener Mischung von Alt und Neu macht das Bummeln Spaß.

Südende des Hafenbeckens stoßen wir auf das **Hafenamt**. Neuromanisch zeigt sich dieses Backsteingebäude mit seinen drei Geschossen und dem auffälligen Uhrenturm.

Aus dem Mittelalter stammt dagegen der nahe **Bayenturm**, ein Relikt der historischen Stadtbegrenzung, das beim Abriss der Stadtmauer um das Jahr 1880 verschont wurde. Sein quadratischer Sockelturm aus Basalt geht zurück auf das 12. Jahrhundert, während der Turm im 14. Jahrhundert um die achteckigen aufgesetzten Etagen aus Trachyt erweitert wurde, gekrönt von malerischen Zinnen. Alice Schwarzer war es, die 1994 für den Bayenturm die Idee des »FrauenMediaTurms« entwickelte, mit Feministischem Archiv und Dokumentationszentrum – interessant auch für Männer.

Flaniermeile Rheinauhafen

Der ehemalige Handelshafen mit seinem mehrere Hundert Meter zählenden alten Hafenbecken entstand in den Jahren 1892–1898 in der Kölner Südstadt. Als feststand, dass die Hafenanlagen nicht mehr genutzt werden sollten, begannen im Jahr 2001 die Arbeiten zur Umstrukturierung. Neben den schönen, historisch erhalten gebliebenen Gebäuden am Hafen entstanden im spannenden Kontrast ganz neue innovative Wohn- und Geschäftsbauten, die dem Viertel ein schickes Ambiente verleihen und zusammen mit der alten Bausubstanz ein einzigartiges Flair vermitteln. Das Rheinufer ist um eine weitere Attraktion reicher!

Ein ganz spezielles »**Siebengebirge**« ❹ entdecken wir 200 Meter weiter. Diesen Spitznamen erhielt der Anfang des 20. Jahrhunderts erbaute ehemalige Kornspeicher des Hafenviertels, denn nicht nur an der Front des lang gezogenen Gebäudes reiht sich ein spitzer Giebel an den anderen und verleiht ihm so sein »gebirgiges« Äußeres. Im Rahmen der Umgestaltung des alten Hafens bekam der Speicher als exquisites Wohn- und Bürohaus eine neue Bestimmung.

Schon sind wir am Ende des abwechslungsreichen Stadtspaziergangs angelangt, und nach einem kurzen Wegstück ist die **Haltestelle »Ubierring«** erreicht.

Die Schifffahrt ist wichtig wie eh und je.

8 Köln – liebenswert, lebenswert

Im Severinsviertel

Als lebendiger Stadtteil zeigt sich das »Vringsveedel«. Hier geht man noch zum Bäcker oder Metzger nebenan und hält ein Schwätzchen. Viel Atmosphäre vermitteln die für Köln zahlreich erhaltenen, schmucken alten Wohngebäude, und charakteristische Arbeiterhäuser findet man ebenso wie ungewöhnliche Neubauten. Ein Blickfang ist die mittelalterliche Severinstorburg.

■ Dauer
1 Std.
■ Route
Severinstraße, Kartäuserhof, An St. Magdalenen, Severinstraße, Severinstorburg, Im Ferkulum, Severinsmühlengasse, Annostraße, Dreikönigenstraße, Zugasse, Zwirnerstraße, Im Sionstal, An St. Katharinen, Severinstraße
■ Ausgangspunkt
Stadtbahn-Haltestelle »Severinstraße«
■ Ziel
Stadtbahn-Haltestelle »Severinstraße«
■ Verkehrsanbindung
Stadtbahn-Linien 3 und 4

An der **Severinstraße**, die schnurgerade durch das Viertel verläuft, starten wir unsere Runde. Viele kleine Läden, vom Fleischer bis zum Frisör, aber auch zahlreiche Eiscafés und Pizzerien haben sich längs der eher schmalen, leider befahrenen Straße angesiedelt. Überall kann man draußen sitzen oder einen Kaffee vor einer der vielen Bäckereien trinken. Hier wirkt nichts hektisch, sondern fast ein bisschen italienisch.

Am Severinskirchplatz vorbei, nahe der Severinskirche, steuern wir direkt auf das Severinstor zu. Unverkennbar, der heilige Severin stand im »Vringsveedel« reichlich Pate bei der Namensgebung. Wir sehen uns kurz vorher aber noch das alte **Haus Balchem ❶** (Severinstr. 15) an. 1676 als Brauhaus vom Brauer und Ratsherrn Heinrich Deutz errichtet, wurde das in baro-

Die Severinstorburg – eines der wenigen erhaltenen Stadttore des Mittelalters.

ckem Stil gehaltene imposante Bürgerhaus nach dem Krieg neu aufgebaut. Besonders schön: die über mehrere Etagen verlaufenden Barockgiebel.

Mächtig und beeindruckend demonstrierte das mittelalterliche Köln mit der **Severinstorburg** ❷ schon an seinen Stadtmauern, wie bedeutend es war. Im Torhaus mit dem zinnenbestückten Einturm und den zwei halbrunden Erkertürmchen ist heute ein Bürgerzentrum untergebracht.

Severinskirchplatz

Inmitten des Viertels steht
die St. Severinskirche.

Wir umrunden das Severinstor, das gleich am wenig einladenden Verkehrsknotenpunkt Chlodwigplatz liegt. Alljährlich startet dort der Rosenmontagszug Richtung Dom. An der Ecke Severinswall findet sich ein Stück urkölscher Tradition mit der Kneipe »Früh em Veedel«, die 1879 gegründet wurde. Die Straße Im Ferkulum

Die Beschilderung ist wirklich vorbildlich.

bringt uns geradewegs zur sehenswerten **Severinskirche** ❸. Sie zeigt sich überwiegend gotisch gestaltet mit einem markanten, dem Mittelschiff vorgelagerten Westturm. Ihre Anfänge liegen bereits im späten 4. Jahrhundert, und bis ins 16. Jahrhundert hinein wurde sie ausgebaut; romanisch geblieben ist der Chor.

Unter der Kirche gibt es einen interessanten Ausgrabungsbereich, der einen römischen Friedhof bewahrt. Dort sieht man auch die alten Fundamente des frühesten Kirchenbaus. Im Inneren dagegen kann man Wertvolles wie die Wandmalerei in der Krypta, den Hochaltar und den Schrein des Heiligen Severin sowie Glasmalereien der Spätgotik besichtigen.

Neues Leben in alten Mauern

Die ehemalige Postfuhrhalle an der Zugasse 1a (um 1890 gebaut) ist auch interessant wegen ihrer neuen Nutzung, denn das vormals schlichte, ursprünglich sogar fensterlose Backsteingebäude wurde in eine Kindertagesstätte umgewandelt. Platz genug gibt es hier zum Spielen und Toben. So gestaltete man ein Drittel der Halle als Innenhof, ein weiteres Drittel wurde zu einer beheizbaren Halle, in der gespielt werden kann, während im Mittelpunkt die üblichen Räumlichkeiten einer Tagesstätte untergebracht sind.

An der Severinsmühlengasse/ Ecke Annostraße entdecken wir das **Stollwerckhaus** ❹. Es steht für die Entwicklung zum späteren Süßwarenkonzern, der aus einer Konditorei aus der Biedermeierzeit hervorging. 1870 ließen sich die Gebrüder Stollwerck hier ihre Gebäude errichten, die sich im Stil deutlich von der einfachen Wohnbebauung abhoben und die Spitznamen »Süßes Dreieck« oder auch »Kamellendom« verpasst bekamen; erhalten geblieben ist ein Ziegelbau im Stil der Gotik und Renaissance.

Eine Institution im Severinsviertel

An der Dreikönigenstraße setzt sich die Stollwerck-Geschichte fort. Wo jahrzehntelang ein süßer Duft von Schokolade in der Luft hing und viele Menschen des Viertels arbeiteten, war Anfang der 1970er-Jahre das Ende absehbar, denn 1975 zog Stollwerck, dessen Gelände sich inzwischen von der Annostraße bis ans Rheinufer ausgebreitet hatte, nach Köln-Porz um. Was sollte aus dem Areal werden? Die Bürger hatten andere Vorstellungen als die Stadt, und so entstand 1971 eine der ersten Bürgerinitiativen Deutschlands. 1980 kam es gar zu Hausbesetzungen. Nach einem Kompromiss wurden die meisten Gebäude abgerissen und die Sanierung des Geländes 1991 beendet. Die Stadt entschloss sich, den sogenannten »Annoriegel« in Wohnhäuser umzuwandeln und neue hinzuzubauen. Für das ehemalige Militärproviantamt von 1906, das ebenfalls von Stollwerck genutzt worden war, entwickelte man das Konzept eines Kulturzentrums, das seit 1987 als **Bürgerhaus Stollwerck** ❺ ein vorbildliches Modell einer neuen Verwendung darstellt. Im umliegenden **Trude-Herr-Park** erinnert ein Denkmal an die unvergessene Kölner Künstlerin (1927–1991). Als Komödiantin bundesweit bekannt

Elendskirche St. Gregor

Für den Armen- und Fremdenfriedhof, auf dem einmal eine spätgotische Michaelskapelle stand, stiftete die altkölnische Patrizierfamilie von Groote die Elendskirche St. Gregor. Der außen einfach gehaltene Backsteinsaalbau, 1765 bis 1778 errichtet, trägt im Giebelfeld des Walmdachs das Allianzwappen der Familie und war für Köln innen außergewöhnlich üppig im Louis-XI.-Stil ausgestaltet – leider wurden nur die drei Altäre nach dem Zweiten Weltkrieg wieder rekonstruiert.

(z. B. durch ihren Hit von 1959: »Ich will keine Schokolade, ich will lieber einen Mann«), leitete sie mit Erfolg an der Severinstraße 81 ihr »Theater im Vringsveedel«; inzwischen ist dort ein Kino untergebracht.

Durch den Park erreichen wir die Zugasse. An der Ecke zur Zwirnerstraße fällt die ehemalige **Postfuhrhalle** ❻ auf (s. Tippkasten Seite 61), in der eine Kindertagesstätte Unterkunft gefunden hat. Und in der Straße An St. Katharinen sehen wir die **Elendskirche St. Gregor** ❼, die im 18. Jahrhundert von einer reichen Patrizierfamilie begründet und auf dem Armen- und Fremdenfriedhof erbaut wurde. Kurz danach erreichen wir das nächste Gotteshaus: **St. Johann Baptist** liegt bereits nahe an der Rampe der Severinsbrücke. Einst als staufische Emporenbasilika 1210 geweiht, fügte man beim Wiederaufbau in den 1960er-Jahren moderne Elemente hinzu.

9 Auf den Spuren von Heinrich Böll

Seine Jugendjahre in Köln

Das Verhältnis zu seiner Heimatstadt war sicher nicht ungetrübt – Heinrich Böll äußerte sich durchaus kritisch zu den Entwicklungen der Stadt nach dem Krieg und war nicht immer einverstanden mit dem, was er sah. Trotzdem war der Literatur-Nobelpreisträger Kölner mit Leib und Seele und machte seine Stadt auch zum Thema seiner Werke. Wir erkunden das Viertel seiner Kindheits- und Jugendjahre, das ihn mit geprägt hat.

■ **Dauer**
1 Std.
■ **Route**
Kleingedankstraße, An der Pauluskirche, Vondel-straße, Maria-Hilf-Straße, Rolandstraße, Teutoburger Straße, Titusstraße, Claudi-usstraße, Maternusstraße, Ubierring, Chlodwigplatz, Karolingerring, Ulrepforte
■ **Ausgangspunkt**
Stadtbahn-Haltestelle »Ulrepforte«
■ **Ziel**
Stadtbahn-Haltestelle »Ulrepforte«
■ **Verkehrsanbindung**
Von und zur Ulrepforte: Stadtbahn-Linien 15 und 16

Unsere Spurensuche beginnt an der mittelalterlichen **Ulrepforte**, die einst Teil der Stadtbefestigung Kölns war. Gleich in der Kleingedankstraße werden wir fündig, denn im **Haus Nr. 10** bezog Heinrich Böll mit seiner Frau Annemarie eine gemeinsame Wohnung nach der Hochzeit 1942. Zu dieser Zeit war Böll schon zur Wehrmacht einberufen worden. Als Soldat wurde er verwundet, und nachdem er desertiert war, kam er in amerikanische Kriegsgefangenschaft, aus der man ihn im September 1945 entließ. Währenddessen war die Wohnung in der Kleingedankstraße ausgebombt worden, sodass das junge Paar in Bayenthal in der Schillerstraße eine neue Bleibe fand.

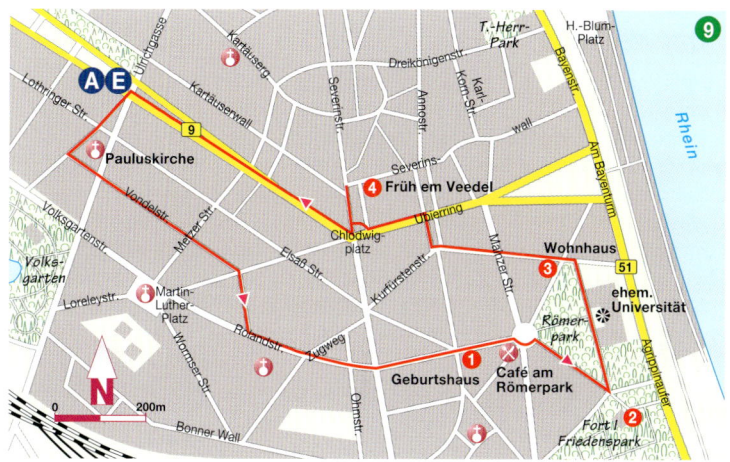

An der **Pauluskirche** vorbei, die von 1906 bis 1908 im Stil der späten Neugotik erbaut wurde und durch ihr ungewöhnliches Erscheinungsbild auffällt, spazieren wir in die Vondelstraße.

Einst war hier die gutgehende Schreinerei von Vater Böll ansässig (Hausnummern 28–30), die in dem Jungen die Erinnerung an den »Geruch von Leim, Schellack und Beize« festsetzte.

Wir folgen indes der Route bis in die Teutoburger Straße und zum **Haus Nr. 26**. Gleich hinter der Kreuzung mit der Alteburger Straße steht das **Geburtshaus** ❶ des berühmten Kölners, das die Familie von 1917 bis 1922 bewohnte. Man muss schon genau hinschauen, um den Hinweis auf

Am Geburtshaus Heinrich Bölls, »des guten Menschen von Köln«

Der Kölner

Heinrich Böll (1917–1985) verbrachte trotz krisengeschüttelter Zeiten glückliche Kindertage in Köln. Statt in die Schule zu gehen, war er oftmals im Wallraf-Richartz-Museum oder lernte »von der Straße«. Abitur machte er am Kaiser-Wilhelm-Gymnasium. Als erfolgreicher Schriftsteller zog es ihn ins grüne Müngersdorf (1964–1969), er kehrte dann aber wieder zurück in die Stadt (»Flucht vor den Rasenmähern«) und wohnte 13 Jahre lang in der Hülchratherstraße. Köln widmete ihm den Heinrich-Böll-Platz am Kulturzentrum zwischen Dom und Rhein, und am Rathausturm ehrt ihn eine Skulptur in Nachbarschaft zu anderen prominenten Kölnern (4. Obergeschoss, an der Südseite des Turms).

Heinrich Böll am schön renovierten Jugendstilhaus zu entdecken: In der seitlichen Eingangstür (aus Glas) erinnert ein Porträt an den Künstler, ergänzt durch ein Zitat seines Freundes Lew Kopelew. Als Kind fühlte sich Böll wohl in dieser Gegend, »in der Arbeiter, Partei- und Gewerkschaftssekretäre wohnten«, denn »dort gab es die meisten Kinder und die besten Spielgenossen«, wie er sich erinnerte.

1922 erfolgte der Umzug der Familie nach Raderberg in die Kreuznacherstraße, etwa einen Kilometer weiter südlich, in

Viele schöne Fassaden blieben erhalten.

schöner Lage direkt am Vorgebirgspark. Die Weltwirtschaftskrise stürzte auch die Bölls in große Not, das Geschäft ging bankrott, und in der Folge sah sich die Familie auf der Flucht vor den Gläubigern in häufig wechselnden Unterkünften: 1930–1931 Ubierring, 1931–1936 Maternusstraße und 1936–1942

Das alte Fort im Friedenspark war bevorzugter Spielplatz des jungen Böll.

Karolingerring: »… nach jedem Umzug wussten außer Verwandten und Freunden ebenso rasch die Gerichtsvollzieher und die Bettler unsere neue Adresse«, schilderte es Heinrich Böll.

Die Teutoburger Straße mündet in das sogenannte »Eierplätzchen«, eine sternförmige Straßenkreuzung direkt am Römerpark. Meist gut besucht ist hier das **Café Römerpark**, das sich wunderbar in das Veedels-Ambiente der Südstadt integriert hat – es gefällt mit seinen gediegenen Kronleuchtern und Marmortischchen. Am »Eierplätzchen« folgen wir der Titusstraße. Sie endet am **Friedenspark** ❷ mit dem Fort, wo Böll als Kind oft spielte; anschließend laufen wir durch die Claudiusstraße an der alten **Universität** vorbei. Bereits 1388 war sie gegründet worden, musste aber unter der französischen Besatzung 1798 geschlossen werden. Bis zum Jahr 1919 sollte es dauern, bis eine neue »Universität zu Köln« ins Leben gerufen werden konnte, und wenig später war Köln hinter der Berliner Universität bereits die zweitgrößte in Preußen. Als die Uni Mitte der 1930er-Jahre in den Neubau von 1929 nach Lindenthal umziehen konnte, wurde das alte Gebäude von der Gauleitung des Gaus Köln übernommen. Heute ist dort ein Teil der Kölner Fachhochschule untergebracht.

Eine kleine Tafel informiert am einstigen Wohnhaus der Familie Böll.

An der Maternusstraße spüren wir Ecke Trajanstraße mit dem **Haus Nr. 32** ❸ dem Zuhause der Bölls von 1931 bis 1936 nach – eine kleine Tafel erinnert an dem gut erhaltenen Jugendstilhaus an den später prominenten Bewohner. Vorbei an weiteren Gebäuden der Fachhochschule sind wir anschließend schnell am Ubierring angekommen, und der verkehrsreiche Chlodwigplatz ist nur einen Katzensprung entfernt. Einziger Lichtblick hier ist die prächtige **Severinstorburg** aus dem Hochmittelalter, die direkt hinein ins lebendige Severinsviertel leitet.

Ein Abstecher dorthin oder zur urkölschen Kneipe »**Früh em Veedel**« ❹ an der Ecke Severinswall – sie war die Lieblingskneipe Heinrich Bölls (vorm. Brennerei A. Hermann, »Hermanns Weinbrandschänke«) – lohnt auf jeden Fall. In der Traditionswirtschaft von 1879 blieb die damalige Einrichtung erhalten, und noch heute ist sie beliebter Treffpunkt, wenn

Lieblingskneipe von Heinrich Böll

man nach dem Einkauf gemütlich ein Kölsch genießt, am Stehtisch vor der Tür ein Weilchen klönt, dem bunten Treiben zuschaut und eben kölsche Lebensart zelebriert.

Der Rückweg am Karolingerring führt uns vorbei am **Haus Nr. 17**. Dort lebte Heinrich Böll von 1936 bis 1942, bevor er quasi um die Ecke, wie zu Beginn unseres Spaziergangs gesehen, in die Kleingedankstraße umzog. Wir gehen nun wieder zurück zur **Ulrepforte**, an der unsere Spurensuche endet.

Der Schriftsteller

1947 gelang es Heinrich Böll, im »Rheinischen Merkur« erstmals eigene Schriften zu veröffentlichen. Frühe Werke erschienen danach im Middelhauve-Verlag, bevor Kiepenheuer & Witsch zum bedeutenden Verlagshaus für seine Arbeiten wurde. Oftmals thematisierte er, meist mit kritischem Blick, seine Heimatstadt. Einige seiner Buchtitel: »Irisches Tagebuch«, 1957; »Billard um halb zehn«, 1959; »Ansichten eines Clowns«, 1963; »Gruppenbild mit Dame«, 1971; »Die verlorene Ehre der Katharina Blum«, 1974. Neben vielen weiteren Auszeichnungen erhielt Heinrich Böll 1967 den Georg-Büchner-Preis und wurde 1972 mit dem Literatur-Nobelpreis sowie 1974 mit der Carl-von-Ossietzky-Medaille geehrt.

10 Durch den Inneren Grüngürtel

Vom Friedenspark zum »Colonius«

Wo einst der historische Festungsring verlief, wurde nach dem Ersten Weltkrieg damit begonnen, der Stadt eine »grüne Lunge« zu verschaffen. Heute beherbergt dieser Innere Grüngürtel Parks und Gärten, die von schönen Spazierwegen durchzogen sind. Die Universität, das Museum für Ostasiatische Kunst und der Funkturm »Colonius« liegen ebenfalls an unserem Weg.

- ■ **Dauer**
  3 Std.
- ■ **Route**
  Gustav-Heinemann-Ufer, Friedenspark, Alteburger Wall, Bonner Wall, Vorgebirgswall, Volksgarten, Eifelwall, Stauderstraße, Zülpicher Straße, Alphons-Silbermann-Weg, Universität, Hiroshima-Nagasaki-Park, Aachener Weiher, Universitätsstraße, Aachener Straße, Fernmeldeturm, Venloer Str.
- ■ **Ausgangspunkt**
  Stadtbahn-Haltestelle »Schönhauser Straße«
- ■ **Ziel**
  U-Bahnhof »Hans-Böckler-Platz«
- ■ **Verkehrsanbindung**
  Zur Schönhauser Straße: Stadtbahn-Linie 16; vom Hans-Böckler-Platz: U-Bahnlinie U5

An der Haltestelle folgen wir der Straße Gustav-Heinemann-Ufer Richtung Innenstadt. Gleich nach dem Unterqueren der Südbrücke beginnt auch schon zur Linken der **Friedenspark** ❶. Wo einst die Anlagen des Inneren Festungsgürtels standen, empfängt uns heute um das alte **Fort I** eine kleine, familienfreundliche Parkanlage mit Ro-

Immer ist klar, wo es langgeht.

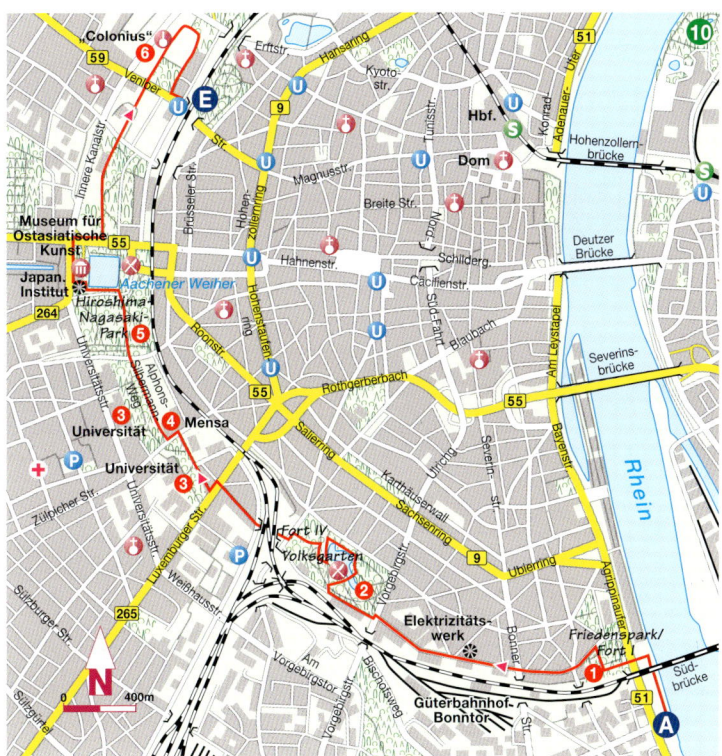

sengärten und Ruhezonen, Kinderspielplätzen, Spiel- und Lie-
gewiesen. Dabei ist die Einbindung der Forts in die grünen
Oasen als »grüne Forts« eine ganz spezielle Kölner Schöpfung.
Das Kriegerdenkmal von 1926/27 auf dem Gebäude des Fort I
der ehemals preußischen Stadtbefestigung steht hier aus Anlass des Abzugs der englischen Besatzungstruppen.
Wir durchqueren den Park, biegen danach links in den Ober-
länder Wall und laufen anschließend durch die Straßen Alteburger Wall und Bonner Wall. In dieser Ecke waren gegen
Ende des 19. Jahrhunderts gleich mehrere städtische Versor-

Historisches E-Werk

Gleich eine ganze Reihe kommunaler Versorgungseinrichtungen wurde Ende des 19. Jh. in der südlichen Kölner Neustadt geplant. Es entstanden u. a. 1883/84 das Pumpenhaus und 1890/91 das Elektrizitätswerk (Bonner Wall/Zugweg). Im Stil der deutschen Renaissance zeigen sich dabei die ältesten, noch von Heinrich Deutz entworfenen Bauwerke, die durch ihre gelben Backsteinfassaden ins Auge fallen. Das E-Werk aus rotem Ziegelstein hingegen repräsentiert einen älteren Baustil und ist nicht nur wegen der aufwendig gestalteten Fassade und des kleinen Turms sehr sehenswert.

gungseinrichtungen errichtet worden, darunter auch das sehenswerte historische Elektrizitätswerk.

Nachdem die Vorgebirgsstraße überquert ist, geht es links hinüber bis zum kleinen Weg Vorgebirgswall, der uns direkt in den **Volksgarten** ❷ bringt. An schönen Sommertagen ist richtig was los: Die Wiesen sind belagert von Sonnenhungrigen und Hungrigen im eigentlichen Sinn, denn überall wird gegrillt und gepicknickt. Radfahrer, Jogger und Spaziergänger bevölkern die Wege, und der unmittelbar auf der Teichterrasse angelegte Biergarten wird zum heiß begehrten Ziel. Sogar Artisten und Künstler präsentieren sich hier. Aber es gibt auch stillere Tage, und an diesen kann man sich umso mehr dem meisterhaft angelegten Park widmen, der 1887 bis 1889 entstand. Er gilt als beispielhaft für die deutsche Gartenkunst seiner Zeit. Die Geländeform im Inneren wurde so geschickt durchdacht, dass der Park auch heute noch mit seiner architektonischen Vielfalt besticht: Neben dem großen, idyllischen Teich im Mittelpunkt wurden steile Hänge, Treppen und sogar ein Felsbach angelegt. Alles geht harmonisch ineinander über. Prachtvolle alte Bäume verschiedenster Art bieten reichlich Abwechslung fürs Auge und bescheren immer wieder romantische Blicke sowie kühlenden Schatten. Und sehr zur Freude der Kleinsten gibt es auf dem Gelände gleich mehrere Kindergärten.

Im westlichen Teil des Parks wurde wiederum ein ehemaliges **Fort (IV)** der früheren Stadtbefestigung mit integriert. An der Eifelstraße verlassen wir den Volksgarten, um uns auf den Weg hinüber zum Universitätsgelände zu machen, das ebenfalls im Grüngürtel angelegt wurde.

Der Eifelstraße geht es links entlang, um dann rechts durch die ausgedehnte Unterführung der Eisenbahn – hier kreuzen mehrere Gleise vom nahen Bahnhof Köln-Süd unseren Weg – auf die Straße Eifelwall zu gelangen. Ist die große Luxemburger Straße überquert, kommen wir, uns kurz links haltend, gleich darauf rechts ins Sträßchen Stauderstraße und in den Bereich der **Kölner Universität** ❸. Sie gehörte zu den wichti-

Der Alphons-Silbermann-Weg leitet von der Mensa Richtung Aachener Weiher.

73

Auf den Wiesen am Aachener Weiher legen die Studierenden kreative Pausen ein.

gen Projekten, die Konrad Adenauer während seiner Amtszeit als Kölner Oberbürgermeister auf den Weg bringen konnte. Er war es auch, der am 26.10.1929 die Grundsteinlegung an der Inneren Kanalstraße für die Neue Universität (heute am Albertus-Magnus-Platz) vornahm. Im April 1935 konnte sie schließlich eingeweiht werden. Natürlich verkleinerten die weiträumigen Gebäude das Areal des Grüngürtels, das allerdings trotzdem von den Studenten gern und reichlich genutzt wird.

Wir sehen zur Linken die ersten Gebäude, und Abstecher durch den Park sind natürlich möglich, um anschließend hinter der Zülpicher Straße auf die große Mensa der Universität zu treffen. Als **Zentralmensa** ❹ ausgerichtet, hat man um den fünf Etagen zählenden Mittelbereich auf drei unterschiedlichen Ebenen sechs Speisesäle für die Studenten eingerichtet.

Zudem gibt es eine vorgelagerte Cafeteria, die sich über drei Geschosse ausdehnt – also reichlich Platz, um alle satt zu machen. Sicher gehört sie noch immer zu den größten Universitätskantinen in Europa.

Von der »Futterstation« der Studenten spazieren wir über die autofreie Allee des Alphons-Silbermann-Wegs. Während zur Linken in einiger Entfernung das Hauptgebäude der Uni angesiedelt ist, breiten sich rechts die Sportanlagen aus. Gleich darauf schließt sich auch schon der **Hiroshima-Nagasaki-Park** ❺ an – natürlich ist bedrückend klar, woran dieser erinnern soll. Dort sind ebenso das Japanische Institut sowie das **Museum für Ostasiatische Kunst** untergebracht. Dieses hat seinen Platz direkt am **Aachener Weiher**, der ein Projekt des damals zu den bedeutendsten Stadtplanern zählenden Fritz Schumann ist. Drei Jahre konnte Adenauer ihn in Köln halten, und so

Einblicke in fernöstliche Kulturen

Kölns »grüne Lunge«

Köln verdankt seine »grüne Lunge« zum einen dem Friedensvertrag von Versailles, aber zum anderen auch Konrad Adenauer. Die »Kölner Festung« musste dem Vertrag entsprechend vollständig geschliffen werden, und damit begonnen wurde bereits im August 1920. Wenig wurde neu bebaut, und stattdessen entstand der Grüngürtel, für den sich Kölns damaliger Oberbürgermeister vehement starkgemacht hatte: »Jetzt muss es sich entscheiden, ob Köln dereinst eine riesige Steinwüste sein wird oder aber eine Stadt, deren Bewohner ein menschenwürdiges Dasein führen können«, erklärte Adenauer in einer wegweisenden Rede. Der Grüngürtel, der bereits bestehende Grünflächen integrierte, ist also nicht nur für das Klima der Stadt wichtig, sondern er befindet sich auch auf kulturhistorisch bedeutsamem Boden.

Der Aachener Weiher ist Mittelpunkt des Hiroshima-Nagasaki-Parks.

befasste sich Schumann mit der Umgestaltung als städtebauliches Gesamtkonzept bereits 1923, sollte u. a. von seinen Entwürfen für den früheren Festungsbereich nur den beschaulichen Weiher und den Stichkanal realisieren.

Im Museumsgebäude, das sich in seiner Konzeption an den Weiher anlehnt und 1977 nach Plänen des namhaften japanischen Architekten Kunio Mayekawa entstand – es ist sein einziges Bauwerk in Europa –, findet man faszinierende Sammlungen chinesischer, japanischer und koreanischer Kunstobjekte. Die flachen kubischen Gebäudeteile mit ihrer ganz aus braunen japanischen Kacheln bestehenden Verkleidung sowie der Japanische Garten verbreiten ein fernöstliches Ambiente in Perfektion. Der Hiroshima-Nagasaki-Park erstreckt sich auf einer Anhöhe, die durch den Bauschutt infolge des Zweiten Weltkriegs entstanden war, heute aber ein malerisches Bild abgibt.

Den Wiesenhang hinunter schaut man zum Aachener Weiher mit dem Museum, während sich rechts an den kleinen See ein großer Biergarten unter Bäumen lauschig angliedert, der bei kaltem Wetter sogar beheizt wird.

Wer es etwas stiller mag, der wählt das Café im Ostasien-Museum: Die Cafeteria im Inneren gibt dank ihrer großen Fenster den Blick hinaus frei, und auch die Terrasse direkt am Wasser hat viel Atmosphäre. Auf den großen Parkwiesen fühlt man sich bei Sonnenschein fast ein bisschen wie im Freibad, denn sie werden rege zum Entspannen genutzt. Und das gilt auch für den Rest des Parks, der mit seinen vielen Bäumen und Rastbänken gern zum Flanieren besucht wird.

Hinter der Aachener Straße schließt sich eine kleine Grünanlage an, die an einem Sportplatz und einer Schule vorbei von uns durchquert wird. Haben wir dann die größere Venloer Straße gekreuzt, steuern wir auch schon auf den 266 Meter hohen Fernmeldeturm, den »**Colonius**« ❻, zu, das höchste Gebäude Kölns. Der Wermutstropfen: Der Turm ist nicht mehr öffentlich zugänglich. Früher einmal konnte man aus 170 Metern Höhe und von einem Drehrestaurant mit wohl einmaligem Blick die Aussicht genießen. Eindrucksvoll zeigt sich der Turm aber auch von unten.

Unser Rückweg führt wieder durch den Park am Funkturm bis zurück zur Venloer Straße, an der wir links gehend schnell die **U-Bahn-Haltestelle »Hans-Böckler-Platz«** erreichen. Wer noch etwas Zeit hat: Der schöne Stadtgarten liegt gleich in der Nähe, und auch nördlich des Funkturms bietet sich das Wegenetz am Herkulesberg zum Spazierengehen an.

Der »Colonius« überragt alles.

11 Auf der mittelalterlichen Wallanlage

Vom Bayenturm zur Bastei

■ **Dauer**
3 Std.
■ **Route**
Ubierring, Am Bayenturm,
Severinswall, Severinstorburg,
Kartäuserwall, Pantaleons-
wall, Friedrichstraße, Mauriti-
uswall, Rudolfplatz, Friesen-
wall, Von-Werth-Straße,
Christophstraße, Von-Werth-
Straße, Gereonswall, Eigel-
steintorburg, Thürmchens-
wall, Konrad-Adenauer-Ufer
■ **Ausgangspunkt**
Stadtbahn-Haltestelle
»Ubierring«
■ **Ziel**
U-Bahnhof »Ebertplatz«
■ **Verkehrsanbindung**
Zum Ubierring: Stadtbahn-
Linien 15 und 16; vom Ebert-
platz: U-Bahn-Linien U5,
U12, U15, U16 und U18

Lange konnte die Kölner Stadtmauer, die im Hochmittelalter errichtet worden war, den wechselvollen Zeiten unversehrt standhalten. Erst gegen Ende des 19. Jahrhunderts wurde dieser innere Ring der »Festung Köln« mit seinen vorgelagerten Schanzen und einer Reihe von Forts aus preußischer Zeit bis auf einige wenige, heute noch sehr eindrucksvolle Relikte komplett abgebrochen.

Von der kleinen Grünanlage spazieren wir Richtung Rhein und gelangen an den ehemaligen Rheinauhafen, um dem **Bayenturm** ❶ einen Besuch abzustatten. Zwar ist er zuerst einmal nicht zu sehen, dafür entdecken wir aber sogleich den markanten, »Siebengebirge« genannten früheren Speicherhäuserkomplex am alten Hafen. Der historische Bayenturm bildete im Mittelalter die südliche Begrenzungsmarke Kölns. Er stammt aus dem 12. Jahrhundert, wurde im 14. Jahr-

hundert um die achteckigen Geschosse erweitert und dient heute als »FrauenMediaTurm«.

Anschließend empfängt uns der verkehrsberuhigte **Severinswall**. Viel Grün und das Zwitschern der Vögel machen diesen Abschnitt auf den Spuren der Stadtmauer besonders angenehm. Weiteres Zeugnis der mittelalterlichen Stadtbefestigung ist die auf einem Hügel stehende **Bottmühle** ❷ mit ihrem hohen runden Turm, der man die zeitweise Nutzung als Windmühle nicht mehr ansieht. Der Zugang ist nicht möglich, da die »Falken«, eine politische Jugendorganisation, dort ansässig sind.

Der Severinswalls endet kurz vor dem prächtigen **Severinstor** ❸, einer der vier erhaltenen Torburgen aus dem 12./13. Jahrhundert. Wunderschön anzusehen, demonstriert es mit seiner Größe auch die Bedeutung Kölns zur damaligen Zeit. Inzwischen fand hier ein Bürgerzentrum seine Heimat.

Die Straße Kartäuserwall ist nach dem ehemaligen Kloster benannt.

Südlicher Eckpfeiler des mittelalterlichen Schutzwalls war der Bayenturm

Die Bottmühle gehörte zur Stadtbefestigung.

Nicht weit entfernt steht die einstige **Kartäuserklosterkirche St. Barbara** in der Kartäusergasse. Das Kloster wurde 1334 ins Leben gerufen und erhielt 1393 ein einschiffiges Gotteshaus, das anstelle eines Kirchturms einen Dachreiter bekam und der heiligen Barbara geweiht wurde. Heute befindet sich dort u. a. der Evangelische Kirchenverband.

An der Ulrichgasse erwartet uns die **Ulrepforte** ❹. Das erstmals 1245 urkundlich erwähnte Stadttor war mit vier Metern Weite eher klein; es blieb ohne Straßenanschluss ins Land und damit auch ohne größere Bedeutung. Immer wieder wurde es im Lauf der Zeit verändert. In den östlichen Turm zog die bekannte Karnevalsgesellschaft »Blaue Funken« ein – ihr Name leitet sich von Töpferhandwerkern, die in dieser Region angesiedelt waren, ab.

Bei den Abzweigen mit den hübschen Namen Prinzen-Garde-Weg und Blaue-Funken-Weg ist zwischen dem Kartäuserwall und dem Sachsenring ein weiterer eindrucksvoller Stadtmauerabschnitt zu besichtigen. Wo der Kartäuserwall endet, folgen wir dem Pantaleonswall bis zu seinem Ende und gelangen kurz darauf zur Friedrichstraße.

Ein Tipp für die Rast: Ein Abstecher an der Ecke Mauritiuswall bzw. von der Weyerstraße in die Huhnsgasse führt zum
besonders netten Biergarten »Wolkenburg«. In der wunder-
baren Atmosphäre eines ehemaligen Benediktinerklosters aus
der zweiten Hälfte des 18. Jahrhunderts (Mauritiusstein-
weg 59; tgl. ab 18 Uhr) kann man im Innenhof sehr beschaulich einkehren.

Anschließend folgen wir unbeirrt dem Mauritiuswall und erreichen den Rudolfplatz. Jenseits des Habsburgerrings steht
das bekannte Millowitsch-Theater, doch wir interessieren uns
bei diesem Streifzug natürlich mehr für die **Hahnentorburg** ❺.
Toll, dass dieses wohl schönste und wichtigste Stadttor der
alten Stadtumgrenzung mit seinen zwei Halbrundtürmen erhalten geblieben ist und heute daran
erinnert, dass einst die in Aachen ge-
krönten Könige durch diese Pforte in
Köln einzogen, um die verehrten Reliquien der Heiligen Drei Könige
aufzusuchen.
Anschließend laufen wir weiter in
den Friesenwall, der ebenfalls wie
fast die gesamte Wegstrecke parallel
zu den großen Ringstraßen verläuft.
Nicht zu übersehen ist bald das
Hochhaus, das zur ehemaligen Ger-
ling-Versicherungsgruppe gehörte.
Sie prägte mit ihren Gebäudekom-
plexen diese Ecke des Viertels, z. B.
auch mit dem futuristisch wirkenden, damals als Bürohaus von Arno
Breker, Sobottka und Müller für

Kölner Ringfest

Eines der größten Open-Air-
Popmusik-Feste der Welt ist
das Kölner Ringfest, das bereits seit 1993 stattfindet.
Zwischen Rudolf- und Friesenplatz bis zum MediaPark
treffen sich jeweils an einem
Wochenende im August bis zu
2 Mio. Musikfans. Internationale und nationale Stars, aber
auch lokale Größen kann man
hier hautnah erleben, und die
unterschiedlichsten Stilrich-
tungen werden hier präsentiert. In manchen Jahren tra-
ten sogar schon bis zu 200
Bands zeitgleich auf – und
das alles kostenlos und unter
freiem Himmel.

Ein Abstecher zur St.-Gereon-Kirche muss sein.

Gerling entworfenen halbrunden Prunkbau (Im Klapperhof).

Ein Muss ist der Abstecher in die Christophstraße zur **St.-Gereon-Kirche** ❻. Auf keinen Fall versäumen sollte man im Inneren des gewaltigen Zentralraums den bezaubernden Blick hinauf in den zehneckigen Aufbau mit den leuchtenden Buntglasfenstern bis hinein in das Deckengewölbe. Dieses Dekagon, das seit 1983 wieder in voller Pracht erstrahlt, zählt zu den Meisterwerken seiner Zeit. Die Ursprünge des Gotteshauses reichen gar bis ins späte 4. Jahrhundert zurück, und so könnte sie wohl die älteste Kirche der Stadt sein.

Kölns mittelalterliche Stadtmauer

Fast 6 km maß die beeindruckende Befestigungsmauer, die sich als Halbkreis vom Rheinufer her um die Stadt zog. Rheinseitig fiel sie allerdings relativ dürftig aus, sollte doch der Handel möglichst ungestört blühen. War diese Anlage auch in erster Linie zum Schutz der Stadt gedacht, so verkörperte sie ebenso städtische Freiheit und Eigenständigkeit. Unter Erzbischof Philipp von Heinsberg erhielt sie von etwa 1180 an ihre letzte Form und wurde bis 1230 fertiggestellt. Durch seine linksrheinische Position galt Köln gegenüber der jahrhundertelang von den Franzosen beanspruchten Rheingrenze als wichtiger Eckpfeiler der preußischen Verteidigungslinie. Völlig bedeutungslos zeigte sich die Stadtbefestigung dann allerdings 1794 beim Einzug der französischen Truppen.

Von der Von-Werth-Straße spazieren wir in den Gereonswall. Etwa am Abzweig der Straße Am Kümpchenshof beginnt linker Hand der kleine Hansaplatzpark. Und dort stoßen wir auf einen recht großen Überrest der **alten Stadtmauer** ❼, zu dem auch der **Gereonsmühlenturm** gehört. Von allen Seiten lässt sich dieser Mauerrest erkunden. An seinem südlichen Ausläufer verwirklichte der Architekt Hans Schilling 1954 ein ungewöhnliches Projekt: Er nahm Teile der Stadtmauer, wie etwa den halbrunden Mauerturm sowie Nischen, mit in sein Atelier- und Wohnhaus auf.

Richtung Hansaring finden wir außerdem ein **Mahnmal**. Die von einem niederländischen Künstler geschaffene Bronzeplastik, die seit 1958 hier steht, zeigt eine Frau, die ihr totes Kind in den Armen hält. Lange Jahre wurden an diesem Ort die offiziellen Gedenkfeiern zum Kriegsende am 8. Mai abgehalten.

Im Hansaplatzpark mit dem Mahnmal und einem erhaltenen Teil der Stadtmauer

Weiter dem Gereonswall nach, schließt sich rechts eine kleine Grünanlage an, die man auf dem ehemaligen Gelände des Gefängnisses »Klingelpütz« anlegte. Die Haftanstalt von 1838 wurde 1969 abgerissen; über dem Schutt entstand der heute grüne Hügel mit Gedenktafel.

Haben wir erst einmal die Gleise der Hauptstrecke Richtung Hauptbahnhof unterquert, ist es nicht mehr weit bis zum **Eigelsteintor ❽**. Ebenfalls Teil der mittelalterlichen Stadtbefestigung, präsentiert sich die Torburg aus dem 13. Jahrhundert in eindrucksvoller Größe und wird von zwei halbrunden Türmen eingerahmt. In einem der Torbogen finden wir zum Gedenken an die Seeleute, die vor Helgoland bei einem Seegefecht 1914 ihr Leben verloren, die Überreste eines Kutters, der zum untergegangenen Kriegsschiff »Cöln« gehörte. Im Bauwerk selbst ist heute die Jazzhausschule untergebracht.

Für eine kurze Rast würde sich das sehr beliebte »Eigelstein's« (früher Café Spitz, Lübecker Str. 1) gleich an der Eigelsteintorburg anbieten – wenn es nicht schon voll besetzt ist.

Mehrere Straßen laufen hier zusammen. Wir wählen für den Weiterweg den Thürmchenswall, der uns nach 500 Metern geradewegs an den Rhein bringt. Dort treffen wir auf das Konrad-Adenauer-Ufer und entdecken kurz darauf den kleinen **Kunibertsturm** (Nr. 69a). Er gehörte zu der dem Rhein zugewandten historischen Stadtmauer und bildete einen Bestandteil des Kunibertstors. »Weckschnapp« wurde dieses im Volksmund genannt, denn es soll einmal als Haftanstalt genutzt worden sein. Das mit einem Zinnenkranz gestaltete Turmoberteil entstammt dem späten 19. Jahrhundert. Aus welcher Zeit der untere Turmteil stammt, ist ungewiss.

An der Bastei endet der »mittelalterliche« Spaziergang.

Die im Stil des Expressionismus entworfene **Bastei** **9** von 1924 des bedeutenden Kölner Baumeisters Wilhelm Riphahn gilt in Köln als architektonisch wichtig. Weit schwingt sich der runde Oberbau über den massigen Sockel hinaus – der ein Relikt eines preußischen Befestigungsturms ist – und bildet ein ausladendes Dach bis in die Uferbereiche des Rheins. Einst ein Aussichtsrestaurant, dient es heute als extravaganter Rahmen für besondere Anlässe. Hier endet auch unser Erkundungsgang entlang der mittelalterlichen Befestigungsanlagen Kölns.

Wir verlassen den stimmungsvollen Uferweg und gelangen über den parkartig begrünten Theodor-Heuss-Ring schnell zur **U-Bahn-Station »Ebertplatz«**. Dabei achten wir noch auf das schöne Haus Nr. 9, die Villa Bestgen, denn sie gehört zu den wenigen wirklich charakteristischen Jugendstilbauten in Köln.

12 Im Belgischen Viertel

Zum Stadtviertel aus der Gründerzeit

Das Belgische Viertel liegt im Zentrum der Neustadt; viele schöne Bauten der Gründerzeit und Jugendstilvillen sind hier noch vorhanden. Jungdesigner haben Gefallen an diesem Viertel gefunden, und es gibt ein reiches gastronomisches Angebot: vom Frühstückscafé, das bis 24 Uhr geöffnet hat, bis zur typischen Kölsch-Kneipe. Die jüdische Synagoge und das Millowitsch-Theater sind weitere Stationen unseres Spaziergangs.

■ **Dauer**
1 Std.
■ **Route**
Aachener Straße, Brabanter Straße, Antwerpener Straße, Brüsseler Straße, Brüsseler Platz, Brüsseler Straße, Roonstraße, Engelbertstraße, Richard-Wagner-Straße
■ **Ausgangspunkt**
U-Bahnhof »Rudolfplatz«
■ **Ziel**
U-Bahnhof »Rudolfplatz«
■ **Verkehrsanbindung**
U-Bahn-Linien U12 und U15 sowie Stadtbahn-Linien 1 und 7

Nahe der mittelalterlichen Hahnentorburg beginnt die Erkundungstour des Belgischen Viertels. Es verdankt seine Existenz der Stadterweiterung während der Gründerjahre, als wegen der Kriegsentschädigung reichlich Geld floss. Etliche Häuser aus dieser Zeit sind erhalten geblieben und verbreiten ihren Charme.

Schon die Brabanter Straße zeigt durch ihren Namen an, dass wir im Belgischen Viertel angekommen sind. Das »Veedel« hat sich zu einem Anziehungspunkt für modebewusste Individualisten entwickelt, und etliche Jungdesigner haben sich in diesem Stadtteil niedergelassen, um ihre originelle Kleidung mit passendem »Schnickschnack« an den Mann oder die Frau zu bringen.

St. Michael im Zentrum des Belgischen Viertels

Von der Antwerpener Straße abbiegend, führt uns die Brüsseler Straße hinüber zum Brüsseler Platz mit der Kirche **St. Michael** ❶. Die Pfarrkirche von 1906 steht im Zentrum der ebenfalls noch aus der Gründerzeit stammenden, schmucke Fassaden aufweisenden Häuserzeilen. Das von einer Doppelturmfassade dominierte Gotteshaus ist eine von nur zwei Kirchen neoromanischen Baustils in der Neustadt.

Nach einer kurzen Umrundung des Brüsseler Platzes, der um die Nord- und Ostseite der Kirche mit Bänken, Sträuchern und Bäumen als kleine Grünanlage gestaltet ist, leitet uns die Brüsseler Straße weiter. Ganz besonders angesagt ist das **Café Central** mit seinem schönen Ambiente, das wir bei einem kur-

Der Brüsseler Platz ist ein beliebter Treffpunkt.

zen Abstecher links in die Jülicher Straße finden. Im selben Haus ist das Hotel Chelsea (Jülicher Str. 1) ansässig, das schon zahlreiche Künstler beherbergen durfte, wenn sie in Köln ein Engagement hatten. So ist es nicht ausgeschlossen, dass man mit etwas Glück den ein oder anderen prominenten Gast im Café antreffen kann.

An der Roonstraße haben wir kurz darauf die **Synagoge** ❷ erreicht. Sie wurde Ende des 19. Jahrhunderts von Schreiter und Below erbaut und verdeutlicht, wie ausgeprägt jüdisches Leben in Köln vor der Machtübernahme durch den National-sozialismus einmal war, sollte sie doch die Innenstadt-Syna-goge an der Glockengasse entlasten. Das Gebetshaus im rhei-nisch-romanischen Baustil verfügt heute im Innern über einen schnörkellos-hellen und feierlich wirkenden überkuppelten

Zentralraum, während die tuffsteinverkleidete Hauptfront mit der großen verglasten Rosette an der Giebelfassade beeindruckt. 1938 wurde die Synagoge während der Pogromnacht verheerend verwüstet. Was noch übrig geblieben war, fiel dem Krieg zum Opfer. Bereits 1945 gründete man eine neue jüdische Gemeinde, und unter Helmut Goldschmidt wurde Ende der 1950er-Jahre schließlich der Wiederaufbau der Synagoge in äußerlich unveränderter Form durchgeführt.

Schöne alte Häuserfassaden prägen das Viertel.

Direkt gegenüber, am Rathenauplatz, kann man im Anschluss eine schöne Rast im Biergarten einlegen, der von einer Bürgergemeinschaft organisiert wird und sich in lauschiger Umgebung zwischen Jugendstilvillen und alten Bäumen in einem kleinen Park ausbreitet. Ebenfalls nicht weit

Kölns jüdische Gemeinde

Erste Erwähnung fand sie bereits im Jahr 321 in einem Dekret Kaiser Konstantins. Damit ist die jüdische Gemeinde Kölns nicht allein die älteste in Deutschland, sondern darüber hinaus auch im gesamten nördlichen Alpenraum. Ein eigenes Stadtviertel hatte man in Köln inne, und nachzuweisen ist, dass dort spätestens um 1040 eine Synagoge stand. Als die Zeit der Kreuzzüge begann, verschärfte sich die Stimmung gegen die jüdische Bevölkerung. 1424 musste sie auf Weisung des Rates gar das Stadtgebiet verlassen und durfte erst 1798 dank der Besatzung Kölns durch die französischen Revolutionstruppen zurückkehren. Die jüdische Gemeinde wuchs stetig an, bis mit der Machtergreifung der Nationalsozialisten der Terror begann, den sehr viele nicht überlebten.

weg ist **Hellers Brauhaus** (Roonstr. 33), das seinen Gästen als Besonderheit ökologisch gebrautes Kölsch anbietet.

Am Zülpicher Platz, schon unweit des Hohenstaufenrings, erwartet uns die katholische **Pfarrkirche Herz Jesu** ❸, deren Kirchturm bereits beim Weg die Roonstraße entlang auffällt. Sie wurde nach sieben Jahren Bauzeit 1900 vollendet und präsentiert sich nach französischem Ideal im Stil der Neugotik. Das monumentale Gotteshaus ist eines von etlichen um die Gründerzeit errichteten prunkvollen Bauwerken, die sich an der Ringstraße aneinanderreihten.

An der Engelbertstraße, die uns nun wieder Richtung Ausgangspunkt leitet, passieren wir den Yitzhak-Rabin-Platz – er erinnert an den ermordeten israelischen Friedensnobelpreisträger und Staatsmann. Kurz darauf kreuzen wir die Linden-

Fast ganz von Grün umschlossen ist die Pfarrkirche auf dem Brüsseler Platz.

straße, die mit dem **Café Fleur** französische Lebensart pur zu bieten hat: »Le grand déjeuner« zum Start in den Tag für alle, die genügend Muße haben, oder Croissants und Café au Lait ganz wie in Paris als schnelles Frühstück, dann am Abend Chansons bei Kerzenschein ...

Cafés und Kneipen finden sich reichlich.

Urig dagegen – laut, aber gemütlich – ist die Stimmung im **Brauhaus Pütz** (Engelbertstr. 67), das nach echt kölscher Art der Brauhäuser geführt und von Kennern des süffigen MühlenKölsch wegen geschätzt wird (ab 17 Uhr). Am Willi-Millowitsch-Platz, dem berühmten »kölsche Jung« gewidmet, treffen wir dann zum Abschluss auf das traditionsreiche **Volkstheater Millowitsch** ❹. Unvergessen sind die Fernsehübertragungen aus der familieneigenen Volksbühne, die Willi, das kölsche Original, zum Liebling bei Alt und Jung in ganz Deutschland werden ließen.

Volkstheater Millowitsch

»Ich will es Euch bekunden, die Puppen sind verschwunden, es war mir zu gewöhnlich, wir spielen jetzt persönlich«, so verabschiedete sich Wilhelm-Joseph Millowitsch (1854–1909) von einer in seiner Familie seit dem 18. Jh. bestehenden Puppenspieltradition und schuf seine »Plattkölnische Volksbühne«. Für diese neue Form des Theaters transformierte und parodierte er bekannte Operetten oder Romane und verfasste auch eigene Stücke. Seit 1936 ist das Millowitsch-Theater an der Aachener Str. 5 zu Hause. Unvergesslich ist natürlich Enkel Willi Millowitsch, der dank des Fernsehens sein Volkstheater in ganz Deutschland populär machte. Sehr erfolgreich setzt Urenkel Peter inzwischen die Familientradition fort.

13 Im MediaPark

Moderne Arbeits-, Wohn- und Freizeitwelten

Es ist gar nicht so einfach, den MediaPark treffend zu beschreiben – er ist so etwas wie eine Verbindung von Campus, Kultur- und Freizeitpark, Wohnstadt und futuristischer Arbeitswelt in einem. Avantgardistische Gebäude, lauschige Plätze und viel Grün mit einer stimmungsvollen Teichanlage laden zum Verweilen ein.

■ **Dauer**
1 Std.
■ **Route**
Kaiser-Wilhelm-Ring,
Hermann-Becker-Straße,
Maybachstraße,
Im MediaPark, Erftstraße,
Hermann-Becker-Straße,
Kaiser-Wilhelm-Ring
■ **Ausgangspunkt**
U-Bahnhof »Christoph-straße/MediaPark«
■ **Ziel**
U-Bahnhof »Christoph-straße/MediaPark«
■ **Verkehrsanbindung**
U-Bahn-Linien U12 und U15

Man kann den MediaPark eigentlich fast als einen neuen Stadtteil bezeichnen. 20 Hektar umfasste das Brachgelände des früheren Güterbahnhofs Gereon, als man ab 1987 daranging, die Pläne des kanadischen Architekten Eberhard Zeidler umzusetzen. Er hatte den Wettbewerb für eine der städtebaulich größten Maßnahmen in Köln nach dem Zweiten Weltkrieg für sich entscheiden können. Seine Vorstellungen lehnte Zeidler an den historischen Rathausplatz von Siena an und transformierte ihn in die Moderne. Trapezförmige Gebäudeblöcke sollten sich in einem Halbrund um einen zentralen Platz anordnen, der sich direkt neben einem künstlichen kleinen See erstreckt. Schmale Wege verbinden dabei die Bauten untereinander und zum Zentrum hin. 1992 war mit dem »Cinedom«, einem Großkino mit 3600 Plätzen, das erste spektakuläre Gebäude – ebenfalls entworfen von Eberhard Zeidler – fertiggestellt. Mit der wachsenden Bedeutung Kölns als Medienstadt förderte man die Ansiedlung von Firmen aus der Medienbranche. Rund 250 Medien- und Dienstleistungsunternehmen sind inzwischen hier im MediaPark ansässig, die etwa 5000 Mitarbeiter beschäftigen, und etwa 200 Privathaushalte fanden ein neues Zuhause. Ende 2003 wurden die

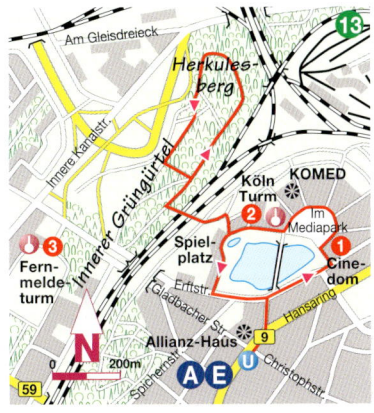

Arbeiten am letzten Gebäude abgeschlossen, und so präsentiert sich der MediaPark nun in seinem kompletten Erscheinungsbild.

Durch die Häuser der »Wohnschlange« erspäht man den »Colonius«.

Wir beginnen diesen Streifzug durch den MediaPark am **Kaiser-Wilhelm-Ring**. Das Allianz-Haus liegt gleich darauf am Weg. Es wurde von 1931 bis 1933 als Verwaltungsgebäude erbaut und folgte dem modernen Stil der 1920er-Jahre: Die Fassade ist schnörkellos glatt gehalten, aneinandergereihte Fenster und abgerundete Ecken prägen das Äußere des Bauwerks. Da es anders als das Rathaus den Krieg einigermaßen gut überstanden hatte, wurde es einige Jahre als Sitz der städtischen Verwaltung genutzt.

Am Ende der Hermann-Becker-Straße ist bereits das ausgedehnte Gelände des **MediaParks** erreicht. Stimmungsvoll breitet sich vor uns der große Teich aus. Wir wenden uns erst einmal nach rechts und gelangen hinter der Seeanlage in den Park. Eine schöne Sache für Kinder können wir auch gleich entdecken: den kleinen Anleger für die »Bumper Boats«, eine Art Autoskooter auf dem Wasser. Die runden Bötchen mit Elektromotor sind mit einem dicken Gummiring ummantelt und haben als besonderen Gag eine »Wasserkanone« an Bord, mit der man sich von Boot zu Boot gegenseitig nassspritzen kann. Damit der Spaß harmlos bleibt, erhält der Nachwuchs zur Sicherheit Schwimmwesten.

Dann empfängt uns auch schon der eindrucksvolle überkuppelte Glaspalast des »**Cinedom**« ❶, das gewaltig große Multiplex-Kino des Architekten Eberhard Zeidler. Auf drei Etagen

Mediterranes Flair rund um den Forumsplatz lädt zum Verweilen ein.

erwarten den Filmfan 13 Kinosäle; dabei macht die Rotunde im Eingangsbereich mit den Rolltreppen, Aufzügen und den Galerien alle Ebenen zugänglich. Ein eindrucksvolles Gebäude – ganz besonders bei Dunkelheit, wenn die gläserne Fassade hell erstrahlt. Für das leibliche Wohl sorgen etliche Gastronomiebetriebe. Und draußen vor dem »Cinedom« lädt ein um einen Springbrunnen gestalteter, ein bisschen an ein Amphitheater erinnernder kleiner Platz zum Verweilen ein.

Wir durchstreifen erst einmal um das Zentrum des Media-Parks herum das riesengroße Gelände, dessen Gebäude von einer schönen Grünanlage umschlossen sind, die zwischen den einzelnen Häusern hindurch auch zugänglich ist. Am »Cinedom« befindet sich direkt der sogenannte **»Musiktower«**. Etwas weiter hinten wurde hingegen die MediaPark-Klinik im

Block 3 eröffnet. Das »**forum**« steht ebenfalls am zentralen Platz, und danach kann der MediaPark 5 mit Büros und Geschäften erkundet werden.

Das Thema Medien bündelt sich im KOMED-Haus.

An das **Literaturhaus** schließt sich nachstehend mit dem Block 7 das **KOMED-Haus** an, ein Kommunikations- und Medienzentrum, das 1997 fertiggestellt wurde. Dort beschäftigt man sich im Themenbereich Medien mit Bildung, Kultur und Forschung – in einem Gebäude, das gleich mehreren Zwecken ideal entgegenkommt. So findet man an dem bis zu neun Geschosse hohen Kern nicht nur die verglasten Büros im vorgelagerten bogenförmigen Teil, sondern ein quer verlaufender Lichthof erschließt auch die dahinterliegenden, entlang der seitlichen Wände entstandenen Arbeitsräume und Ausstellungsareale. Ein solches nutzt z. B. die SK Stiftung Kultur. Nationale und internationale namhafte Fotografen können ihre Werke in der Photographischen Sammlung im Rahmen von Sonderausstellungen präsentieren, die auch durch Führungen erläutert werden. In jährlich wechselnden Ausstellungen bemüht sich das Tanzmuseum des Deutschen Tanzarchivs Köln, dem großen Themenbereich Tanz gerecht zu werden. Kinder, Jugendliche und Erwachsene können zudem von einem museumspädagogisch ausgearbeiteten Programm profitieren, das die Ausstellungen umfassend ergänzt (Im MediaPark 7).

Medienstadt Köln

In den 1980er-Jahren begann die Entwicklung Kölns zu einer Medienstadt. Öffentlich-rechtliche Anstalten, wie z. B. der WDR, waren bereits seit Langem in der Stadt zu Hause, und private Sender folgten. Mehr als 55 000 Mitarbeiter sind inzwischen in der Medienbranche in Köln beschäftigt, und über ein Drittel aller TV-Inhalte der Bundesrepublik werden vor Ort produziert. Ein besonders prominentes Beispiel ist sicher der »Tatort« aus Köln, der ein Stück Fernsehgeschichte darstellt. Es gehört in dieser Stadt beinahe zum Alltag, dass immer irgendwo gerade ein Filmteam unterwegs ist. So hat sich die Medien- und Kommunikationswirtschaft zu einem wichtigen wirtschaftlichen Standbein entwickelt. Erst vor Kurzem zog der Sender RTL nach Deutz in die attraktiven ehemaligen Messehallen um.

Besonders markant ist dann natürlich der gut 148 Meter hohe **KölnTurm** ❷. Das höchste Bürogebäude der Stadt (mit Antenne sogar 165,48 m), von Jean Nouvel als Glasturm entworfen, ist sicher ein Wahrzeichen des MediaParks, aber auch zu einem wichtigen und augenfälligen Element in der Silhouette Kölns geworden.

Haben wir die sogenannte »Wohnschlange« erreicht – hier reihen sich einige Wohngebäude aneinander –, gibt es eine schöne Möglichkeit, den Spaziergang um etwa 30 Minuten zu verlängern und einen Abstecher in einen Teil von Kölns »grüner Lunge« anzuschließen. Ein Durchgang

Im MediaPark entstanden attraktive Wohnanlagen.

Auch an die Kinder wurde gedacht –
im Hintergrund der KölnTurm, das
höchste Bürogebäude der Stadt.

Richtig grün ist es rund um den MediaPark.

leitet von den Häusern weg, und folgt man dem Weg, bringt uns eine Fußgängerbrücke über die Gleise – ganz nah ist nun der riesige Funkturm »**Colonius**« ❸.

Wir gelangen nach der Brücke direkt zum **Herkulesberg** ❹ am Inneren Grüngürtel, dessen baumreiche Umgebung von bequemen Parkwegen durchzogen ist. Nach dem Zweiten Weltkrieg wurde dort eine riesige Menge an Schutt abgeladen, so wie es beispielsweise auch beim Aachener Weiher geschah – doch dem begrünten Herkulesberg merkt man heute seine Entstehung nicht mehr an.

Auf dem Rückweg kommen wir noch einmal an dem großen Kinderspielplatz mit toller Rutsche vorbei, der hinter der »Wohnschlange« angelegt wurde. Gemütlich schlendern wir zum Abschluss am Teich entlang, der nette Gelegenheiten zu einer letzten ausgiebigen Rast bietet.

MediaPark-Übersicht

Block 1: »Cinedom«
Block 2: »Musiktower«
Block 3: MediaPark-Klinik
Block 4: »forum«
Block 5: Büros und Geschäfte
Block 6: Literaturhaus
Block 7: KOMED-Haus, Mediengründerzentrum Leonardo und Zentrum für interaktive Medien
Block 8: u. a. KölnTurm und Jolly Hotel MediaPark mit 220 Zimmern
(Block 9 gibt es nicht)
Block 10 Eigentumswohnungen
Blöcke 11–15: die »Wohnschlange«
Block 16: Umspannwerk

14 Faszinierende Parklandschaften

Vom Kölner Zoo durch die Flora

Der Kölner Zoo und die Flora mit dem Botanischen Garten sind die Höhepunkte dieser Runde in Köln-Riehl. Doch auch der interessante Skulpturenpark sowie das Weinmuseum mit Weinberg sollten unbedingt besucht werden. Zum Abschluss begleiten wir den Rhein ein kleines Stück sein Ufer entlang.

■ **Dauer**
Ca. 2 Std., je nach Verweildauer
■ **Route**
Riehler Straße, Zoo, Alter Stammheimer Weg, Flora, Botanischer Garten, Alter Stammheimer Weg, Weinmuseum, Riehler Straße, Skulpturenpark, Konrad-Adenauer-Ufer, Niederländer Ufer
■ **Ausgangspunkt**
U-Bahnhof »Zoo/Flora«
■ **Ziel**
U-Bahnhof »Zoo/Flora«
■ **Verkehrsanbindung**
U-Bahn-Linie U18

Von der **Haltestelle** »Zoo/Flora«, die bereits auf Höhe der Riehler Straße liegt, kann man den **Kölner Zoo** ❶ mit seinem großen, gelben Schriftzug im Eingangsbereich schon sehen. Der drittälteste Tierpark Deutschlands wurde bereits 1860 gegründet und entwickelte sich im Lauf der Jahrzehnte von der reinen Tierschau hin zu einem modernen, dem Naturschutzgedanken verpflichteten zoologischen Garten. Hier gibt es so viel Interessantes zu bestaunen, dass es sicher sinnvoll sein könnte, mehrmals wiederzukommen und sich jedes Mal einige Besonderheiten herauszupicken. Etwa 750 Tierarten, darunter Raubkatzen und Primaten, können aus nächster Nähe beobachtet werden. Gerade erst hat der Zoo zu seinem 150. Geburtstag ein weiteres Highlight erhalten: das einer Flusslandschaft Afrikas nach-

»Zoo-Express«

Familien mit Kindern macht es bestimmt Spaß, mit dem »Zoo-Express« zum Kölner Zoo anzureisen. Die »Mini-Eisenbahn auf Rädern« mit angehängten, kleinen Waggons pendelt alle 30 Min. zwischen Dom (Haltepunkt »Domblume«, nahe dem KölnTourismus) und Zoo und fährt am Rhein entlang direkt zum Tierpark. Dasselbe Bähnchen rollt z. B. auch zum Schokoladenmuseum am Rheinauhafen.

Der Zoo-Express bringt Familien direkt zum Ziel.

empfundene, 400 Quadratmeter große begehbare »Hippodom«. Am gläsernen Bassin schaut man den tauchenden Hippos direkt in die Augen. Ganz besonders beeindruckend präsentiert sich auch der deutlich erweiterte und artgerechter gestaltete Elefantenpark, der immer wieder mit seinem Nachwuchs begeistert. Und nicht nur Kenner schätzen das tolle Aquarium mit Terrarium, und Liebhaber von Krabbeltieren werden ihre Freude am Insektarium haben.

Ganz nach eigenen Vorstellungen durchstreifen wir je nach Stimmung länger oder kürzer die spannende Tiergartenanlage und wenden uns hinterher, zurück am Ausgang, nach rechts Richtung **Flora** ❷, deren Eingangsbereich im Nu erreicht ist. Zuerst noch die Straße Alter Stammheimer Weg überqueren, dann gelangt man vorbei an den weißen Eingangs-

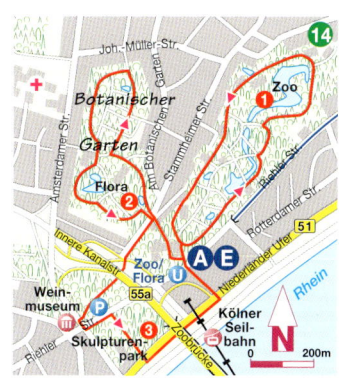

Seit jeher gehört der zentrale Springbrunnen zur Flora.

pavillons in das Areal der Gartenlandschaft. Direkt als Erstes fällt hinter den symmetrisch gestalteten Blumenrabatten mit der Fontaine das Floragebäude ins Auge, das einst als Wintergarten erbaut wurde und eine glasüberspannte Kuppelhalle besaß. 1864 wurde es fertiggestellt und versetzt uns mit seiner stilvollen Rundbogengestaltung an der Vorderfront in das Ambiente eines klassischen Kurparks. Die Flora und der Botanische Garten sind als weitläufiger Park mit einheimischen und exotischen Pflanzen eine wunderbare Mischung aus Gartendenkmal, Naherholungsraum und Pflanzenkundeschule und bereiten jedem Naturliebhaber echten Hochgenuss. Hier kann man stundenlang spazieren gehen oder einfach nur schauen und genießen.

Der nach Vorbild einer englischen Parklandschaft gestaltete Teil mit seinen schönen, alten Bäumen umgibt dabei die speziellen Anlagen, wie z. B. den Holländischen Garten mit seinen üppigen Blumenbeeten, den italienischen Bereich oder die nach französischer Tradition angelegten Anpflanzungen.

In der zweiten Hälfte des 19. Jahrhunderts folgte man den Entwürfen Peter Joseph Lennés und errichtete Park und Gebäude im Sinne eines botanischen Ziergartens. 1920 wurde der ursprünglich für wissenschaftliche Zwecke eröffnete Botanische Garten integriert. Schlimm waren die Zerstörungen nach dem Krieg, sodass alles mühevoll wieder hergestellt werden musste; auch die schönen, alten Bauwerke wie das Rosen-Café oder das ehemalige Palmenhaus aus der Gründerzeit hat man erfreulicherweise restauriert.

Haben wir nach unserem Rundgang die Flora durch denselben Ein- bzw. Ausgang wieder verlassen, ist unser nächstes Ziel das **Weinmuseum**. Gleich hinter dem Zubringer der Zoobrücke können wir beim Durchqueren einer kleinen Grünan-

Liebevoll gestaltete Anlagen laden zum Bummeln und Verweilen ein.

Romantische Winkel rund um das Floragebäude

lage rechts das Gebäude des ungewöhnlichen Museums sehen. Nur noch an der Kreuzung über die Amsterdamer Straße, dann tauchen wir in die Wissenschaft der Önologie ein, denn hier dreht sich alles um den Wein. Kaum zu glauben: Auf dem Dach des Weinmuseums präsentiert ein 720 Rebstöcke umfassender Weinberg die weltweit 40 bedeutendsten Rebsorten. Trinkfreudig ist man ja bekanntermaßen in Köln, doch dass das Weinmuseum hier zu Hause ist, begründet sich eher aus der Vergangenheit, denn im Mittelalter galt Köln als das bedeutendste Weinhandelszentrum nördlich des Alpenraums.

Zurück an der Kreuzung, geleitet uns die Riehler Straße gleich zum Eingang des **Skulpturenparks** ❸. In die natürliche Landschaft eingebettet, werden dort Objekte zeitgenössischer Künstler ausgestellt. In größeren zeitlichen Abständen präsentiert sich z. B. – immer wieder aktualisiert – die Ausstellung »Köln Skulptur«; so wurde am 15. Mai 2011 die »Köln Skulptur Nr. 6« eröffnet.

Wir durchstreifen auch diesen spannenden Ort, verlassen ihn auf der dem Rhein zugewandten Seite wieder und spazieren nun zum Abschluss hinüber zum Rheinufer. Gut zu sehen ist die sagenhafte Rheinseilbahn, die direkt vor uns mit ihren Gondeln über die Zoobrücke hinweg auf die andere Flussseite zum Rheinpark pendelt und ganz in der Nähe startet. Auf dem Uferweg schlendern wir das kurze Stück zurück Richtung Ausgangspunkt.

Die Flora fasziniert durch Vielfalt.

Auch 2011 lockt der Skulpturenpark wieder mit einer neuen Ausstellung.

15 Nach Mülheim

Abseits der Touristenpfade

Mülheim gehört nicht zu den typischen touristischen Anziehungs-punkten von Köln. Das Spektakuläre fehlt vielleicht, doch Interessantes gibt es auch hier zu entdecken – z. B. die Häuser-zeile aus dem Barock oder der hübsche Mülheimia-Brunnen, der an die Zeit erinnert, als Mülheim noch eigenständig war. Und auch die Rheinpromenade ist hier sehr idyllisch.

Die Mülheimer Runde beginnt am **Wiener Platz**. Seit den 1990er-Jahren wurde er mit dem Bau der U-Bahn zu einer an-genehmen Fußgängerzone. Unser erster kleiner Halt soll die **Lutherkirche** sein. Dazu gehen wir in die Buchheimer Straße

■ **Dauer**
1 Std.
■ **Route**
Wiener Platz, Buchheimer Straße, Adamsstraße, Keup-straße, Mülheimer Freiheit, Rheinufer, Schifferkirche, Mülheimer Brücke, Mülhei-mer Freiheit, Buchheimer Straße, Wiener Platz
■ **Ausgangspunkt**
U-Bahnhof »Köln-Mülheimer Wiener Platz«
■ **Ziel**
U-Bahnhof »Köln-Mülheimer Wiener Platz«
■ **Verkehrsanbindung**
U-Bahn-Linie U18

Ein prächtiges Ensemble barocker Fassaden

und kurz darauf rechts in die Adamsstraße. Wenig später sind wir an der Kirche angekommen, die, wie der Name schon besagt, ein evangelisches Gotteshaus ist. Im katholisch dominierten Rheinland erbaute sich die bedeutende evangelische Gemeinde in Mülheim von 1893 bis 1895 diesen Andachtsort. Doch wie fast überall richtete der Krieg schwere Schäden an, und so verblieb einzig der Kirchturm aus grünem und rotem Sandstein, an den 1949 eine Notkirche angesetzt wurde.

An der Kreuzung stoßen wir auf die Keupstraße, in die wir links einschwenken. Hier sind wir mittendrin in einem der Zentren türkischen Lebens in Köln, und jede Menge Geschäfte und Restaurants bestimmen das Straßenbild. Noch einmal links, dann gelangen wir schon in die Mülheimer Freiheit. Ein Stück die Straße entlang, und wir stehen am schön gestalteten **Mülheimia-Brunnen** ❶ von 1884. Die Info-Tafel erklärt die Symbolik der Figuren und weist auf die einst freie Stadt Mülheim am Rhein hin.

Der Mülheimia-Brunnen an der Krahnenstraße

Kleiner Abstecher zum Haus Nr. 102

**Direkt an der Promenade:
die Schifferkirche St. Clemens**

Gleich hier, Ecke Krahnenstraße, entdecken wir auch die vom Krieg fast völlig unversehrt gebliebenen **barocken Wohnhäuser** aus dem 18. Jahrhundert. Wie schön, dass diese Häuserzeile Nr. 117–121 bewahrt werden konnte, denn sie ist in ihrer Einheit in Mülheim eine Seltenheit. Mülheim war als vormals selbstständige bergische Kreisstadt geprägt von zahlreichen dieser aufwendig gestalteten Häuser. Als »Einzelstück« verblieben ist dagegen das Haus Nr. 102 in der Mülheimer Freiheit; das Gebäude von 1762 ziert eine sehenswerte Giebelfront – dorthin wäre nur ein kurzer Abstecher nötig.

Wir wenden uns aber nun nach rechts an der Grundschule vorbei und gelangen schnell hinunter an den Rhein. Eine **Promenade** verläuft hier stimmungsvoll oberhalb des Stroms, vorbei an kleinen, gemütlichen Häusern, die teilweise noch in ihrem historischen Erscheinungsbild erhalten geblieben sind. Man schaut auf den Fluss, genießt den beruhigenden Anblick und folgt den vorbeifahrenden Schiffen mit den Augen.

So schlendern wir weiter bis zur Mülheimer **Schifferkirche St. Clemens** ❷, die mit ihrem Turm zum Stadtbild beiträgt und 1959 wieder aufgebaut wurde. Ursprünglich aus dem 12. Jahrhundert stammend, erfuhr sie 1692 allerdings starke Veränderungen. Aus dieser Zeit stammen die beiden Seitenschiffe sowie der Kirchturm an der Westseite mit seinem schieferverkleideten barocken Turmhelm mit sogenannter »Laterne«. Nicht rekonstruiert wurde die Eingangshalle, die sich vordem in einer Ausbuchtung der Ufermauer befand. Am Rand dieser Ausbuchtung steht eine Figur des heiligen Nepomuk – auch als »Brückenheiliger« bekannt –, wie er auf den Rhein blickt. Johannes von Nepomuk (1729 heilig gesprochen) war Generalvikar des Erzbischofs von Prag; König Wenzel I. ließ ihn 1393 wegen kirchenpolitischer Streitigkeiten von der Karlsbrücke in die Moldau stürzen – der Volksglaube besagt hingegen, dass Nepomuk das Beichtgeheimnis um Wenzels Frau nicht verletzen wollte. Im 18. Jahrhundert entstand gar ein Nepomuk-Kult.

Der heilige Nepomuk schaut auf den Rhein.

Das »E-Werk« in Mülheim

Die Kölner Rockband BAP samt Freunden entdeckte den alten zweischiffigen Industriebau von 1904/05 als alternativen Veranstaltungsort für sich und taufte ihn »E-Werk«. Gotisch angehaucht wirken die beiden Giebel zur Schanzenstraße in ihrem Mix aus rohem Backstein und glattem Verputz und geben so dem Ort ein zusätzliches Flair. Nach der Umgestaltung finden hier seit Mitte der 1980er-Jahre sehr erfolgreich Musikveranstaltungen aller Art statt, aber auch Lesungen und andere Events. Außerdem wird jedes Jahr im »E-Werk« die alternative »Stunksitzung« des Kölner Karnevals abgehalten. Schanzenstr. 37, Fr/Sa 22–5 Uhr oder je nach Veranstaltung, www.e-werk-koeln.de

Die Clemenskirche steht in unmittelbarer Nähe zur **Mülheimer Brücke**, die 1927 bis 1929 erbaut wurde, durchgesetzt vom damaligen Oberbürgermeister Konrad Adenauer. Nach dem Krieg musste sie von 1949 bis 1951 wiederaufgebaut werden. Pläne für eine Brücke wurden schon 1914 bei der Eingemeindung Mülheims in die Stadt Köln festgemacht, denn zuvor gab es nur eine Schiffsbrücke. Man errichtete eine 315 Meter überspannende Kabelhängebrücke, die sich aus zwei großen Portalpfeilern und dem geschwungenen Fahrbahnträger zusammensetzte und seinerzeit die längste euro-

päische Flussüberführung war. Auf Mülheimer Gebiet, rechtsrheinisch also, verlief die Rampe damals mitten durch die zugebaute Altstadt, um am Wiener Platz zu enden. Am jenseitigen linksrheinischen Flussufer dagegen überbrückt das Bauwerk auch noch die heute viel besuchten ausgedehnten Riehler Rheinauen.

Jetzt wenden wir uns aber noch einmal von der Clemenskirche in die Straße Mülheimer Freiheit und dort in die rechts abzweigende Buchheimer Straße, von der ein kleiner Abstecher

in die Wallstraße zur nahen **Friedenskirche** möglich ist. Sie wurde nach einem schlimmen Hochwasser 1874 erbaut und erhielt später einen entsprechenden schlichten Glockenturm mit Dreierarkaden am Glockengeschoss.

Weiter der Buchheimer Straße folgend, finden wir mit dem Haus Nr. 29 den **Bärenhof** ❸, auch »Bertholdisches Haus« genannt; er stammt aus dem Jahr 1780 und gilt als das bedeutendste separat erhaltene Bauwerk des Barock in Mülheim. Zum Schluss spazieren wir nur noch weiter der Straße nach und erreichen so wieder den **Wiener Platz**.

Die Mülheimer Brücke ist die nördlichste der sieben Kölner Rheinbrücken.

111

16 Im Rheinpark

Vom Messeturm zur Rheinseilbahn

Gleich neben der »Koelnmesse« breitet sich der traditionsreiche Rheinpark aus. Als er 1957 zur Bundesgartenschau neu gestaltet wurde, baute man auch die spektakuläre Rheinseilbahn, deren kleine Kabinengondeln noch heute über den Rhein hinwegschweben – ein Muss, hier einmal mitgefahren zu sein.

■ Dauer
2.30 Std.
■ Route
Bahnhof Deutz, Ottoplatz, Kennedy-Ufer, Messeturm, Rheinpark, Zoobrücke, Rope Island Klettergarten, Ende der Landzunge, Zoobrücke, Rheinpark, Tanzbrunnen, Auenweg, Bahnhof Deutz
■ Ausgangspunkt
S-Bahnhof »Köln-Messe-Deutz«
■ Ziel
S-Bahnhof »Köln-Messe-Deutz«
■ Verkehrsanbindung
S-Bahn-Linien S6, S11 und S12

Der **Deutzer Personenbahnhof** an unserem Ausgangspunkt überrascht mit seinem liebevoll gestalteten Empfangsgebäude des Barockklassizismus von 1913/14. Gleich daneben verbreitet ein riesiger Biergarten eine einladende Stimmung. Bei der Zufahrt zum Bahnhof finden wir das **Otto-Langen-Denkmal** von 1931. Nikolaus Otto und Eugen Langen waren die Entwickler des Verbrennungsmotors und arbeiteten ganz in der Nähe; schon 1930 wurden in Köln die Ford-Werke gegründet, und noch heute spielt die Autoindustrie eine gewichtige wirtschaftliche Rolle.

Unser Weg führt zuerst Richtung Hohenzollernbrücke und hinunter zum Rhein. Mit der Strömung schließen wir uns dem Fluss an und spazieren entlang der alten Messehallen am Deutzer Rheinufer. Die ursprünglich eher schlichten Gebäude sollten 1928 die »Pressa«, die Weltausstellung der Presse und

Fotografie, beherbergen und erhielten extra zu diesem Zweck eine strukturierte »zweite Haut« aus roten Ziegeln. Lust auf Urlaub machen die am dies- und jenseitigen Ufer liegenden Flusskreuzfahrtschiffe – mitunter ist es eine ganze Flotte. Und auch der tolle Blick zurück zu Dom und Bahnhof lohnt sich.

Wir nähern uns dem **Messeturm** ❶, der sich 86 Meter hoch am Nordende der Hallen schlank und eckig wie eine Landmarke aufbaut. Schade, dass es das Aussichtslokal in 50 Metern Höhe heute nicht mehr gibt; mittlerweile

Markanter Punkt der Deutzer Rheinseite: der Messeturm

wird das Gelände u. a. von RTL genutzt. Das Areal der »Koelnmesse« wuchs jenseits der Bahnlinie seit den 1950er-

Jahren; heute gehört die Messe der Fläche nach zu den größten der Welt. Nicht unerwähnt bleiben sollen auch die **Mahnmale** in der Nähe des Messeturms und rückwärtig des Bahnhofs, denn nach Kriegsbeginn wurde die Messe von den Nationalsozialisten u. a. als Sammellager für Gefangene genutzt, um vom Bahnhof Deutz anschließend die Deportationen vorzunehmen.

Dom und Hohenzollernbrücke bilden ein optisches Highlight.

Auf Höhe des Messeturms steht linksrheinisch mit **St. Kunibert** eine der berühmten Romanischen Kirchen von Köln. Die jüngste der romanischen Gotteshäuser der Stadt ist an dieser Stelle ein herausragender Blickfang. St. Kunibert war für mittelalterliche Verhältnisse großzügig ausgestattet, und noch heute kann man in der 1247 fertiggestellten Kirche z. B. die Fenster und Wandmalereien aus dieser frühen Zeit bewundern. Wir bleiben auf der Rheinpromenade und können bei entsprechendem Wasserstand auch direkt am Wasser über die Rheinkiesel spazieren. Da vergisst man beim Plätschern der mehr oder weniger kleinen Wellen vorbeifahrender Schiffe schnell, dass man mitten in der Großstadt ist. Muscheln und Steine lassen sich sammeln oder auch ein klei-

Flusskreuzfahrtschiff vor St. Kunibert

nes Picknick veranstalten, und die Stimmung wäre geradezu perfekt, wenn nicht mitunter viel fieses Treibgut angeschwemmt würde.

Am Beginn des **Rheinparks** befinden sich die »Rheinterrassen« (mit Biergarten und Restaurant) sowie die Anlagen des **Tanzbrunnens** ❷. Als dieser Tanzbrunnen 1950 im Zentrum der damaligen Staatenhaus-Kolonnaden eröffnet wurde, entwickelte er sich schnell zu einem beliebten Ziel für den Sonntagsausflug und machte sei-

Abendlicher Ausgehtipp

Maritime Atmosphäre verströmt im Sommer der »km 689 Cologne Beach Club«. Direkt am Deutzer Rheinufer bei den Rheinterrassen wird ein künstlicher Strand angelegt, an dem man in den Abendstunden unter freiem Himmel so richtig entspannen kann. Als günstig sind die Getränke dieser Lounge zwar nicht zu bezeichnen, aber dafür entschädigen das ganz besondere Rheinerlebnis und der herrliche Blick auf die Altstadtsilhouette (Rheinparkweg 1, Mai–Okt., 18–23 Uhr).

Den Tanzbrunnen überdacht das Sternwellenzelt.

nem Namen alle Ehre, denn auf der Plattform oberhalb der Wasserfläche wurde eifrig geschwoft. Zur Bundesgartenschau 1957 überdachte man das Ganze mit dem formschönen Sternwellenzelt.

In dieser Zeit erfuhr der Rheinpark auch insgesamt, dem Anlass entsprechend, eine weitreichende Neugestaltung. Inzwischen hat sich rund um den Brunnen ein großer Kultur- und Freizeitpark etabliert, zu dem auch eine Open-Air-Bühne sowie ein Theater gehören.

Wir schlendern durch den Park hinüber zur Zoobrücke. Toll ist ganz sicher die Seilbahn anzusehen, mit ihren hier über den Rhein schwebenden, von bunten, oft kölntypischen Logos geschmückten Kabinen; diese verbindet den Rheingarten mit dem Zoo. Ein Stückchen weiter stoßen wir auf den Klettergarten Rope Island, bevor wir nach etwa einem Kilometer die Spitze der Halbinsel erreichen, die vom Rhein und dem Mülheimer Hafen gebildet wird, und dort umkehren.

Kleine Gondeln pendeln zwischen Rheinpark und Zoo.

Auf dem Rückweg passieren wir hinter der Zoobrücke die **Claudius-Therme ❸**, ein anerkanntes Ther-

---

Blick vom »Triangle«

Die tolle Aussicht vom »Triangle« ❹ nahe dem Hyatt-Hotel, der schnell vom Deutzer Bahnhof zu erreichen ist, sollte man sich nicht entgehen lassen. Mit seiner silbrig glitzernden Fassade kann man ihn nicht verfehlen. Mehr als 100 m hoch ist der Turm, und ein Aufzug bringt die Besucher hinauf zum Aussichtspunkt. Der Eintritt kostet 3 Euro; im Sommer (ab Mai) ist er sogar bis 22 Uhr geöffnet!

Romantik pur im Rheinpark: Ein Spaziergang am Rhein mit Blick auf den Dom

malbad, deren warme, leicht eisenhaltige Quelle seit den 1950er-Jahren genutzt wird. Und für alle, die selbst einmal das Erlebnis der **Rheinseilbahn** genießen möchten: Diese Gelegenheit bietet sich ebenfalls, denn gleich hinter der Brücke ist der Startpunkt (von April–Okt.).

Zurück geht es gemütlich quer durch den Park und noch einmal, nur auf der anderen Seite, beim Tanzbrunnen und am **Staatenhaus** vorbei. Übrigens: Das Staatenhaus wurde im Rahmen der »Pressa« errichtet und diente damals den verschiedenen teilnehmenden Ländern dazu, sich darstellen zu können. Entlang den einstigen Messehallen führt uns zum Schluss der Auenweg zurück zum **Bahnhof**.

Im Rheinpark

17 Auf der »Schäl Sick«

Am Deutzer Rheinufer

Wer die einmalige Kölner Altstadtsilhouette richtig genießen möchte, tut das am besten vom Deutzer Rheinufer aus. Der Blick hinüber ist perfekt, dazu die herrliche Atmosphäre am Rhein und zum Schluss ein Abstecher auf die grünen Poller Wiesen, die das Ganze abrunden.

■ **Dauer**
2 Std.
■ **Route**
Hauptbahnhof, Hohenzollernbrücke, Kennedy-Ufer, Deutzer Brücke, Deutzer Werft, Severinsbrücke, Drehbrücke am Deutzer Hafen, Poller Wiesen, Siegburger Straße, Stadtbahn-Haltestelle »Drehbrücke«
■ **Ausgangspunkt**
Hauptbahnhof
■ **Ziel**
Poller Wiesen
■ **Verkehrsanbindung**
Zum Hauptbahnhof zahlreiche Verbindungen; von der Drehbrücke: Stadtbahn-Linie 7

Diese Tour beginnen wir wieder einmal am **Hauptbahnhof** – Gelegenheit, sich einmal näher damit zu beschäftigen. Von 1890 an musste ein neuer Personenbahnhof gebaut werden, nachdem die Gleisanlagen höhergelegt worden waren. Die gewaltige Bahnsteighalle gehörte zu den größten ihrer Zeit und wurde wegen des nahen Doms mit Absicht eher flach gehalten. Mit 255 Metern Länge und 64 Metern Breite ist das halbrund geschwungene Bauwerk aus Metall und Glas immer noch beeindruckend. Auch wegen des Schriftzugs an der Stirnseite, »4711 Eau de Cologne«, bleibt sie wohl jedem Reisenden im Gedächtnis. Die heutige Empfangshalle mit der riesigen Fensterfront errichtete man erst nach dem Krieg in den 1950er-Jahren. Reich ausgestattete Wartesäle in neobarockem Stil entstanden dagegen schon 1907/08; hier haben heute Gastronomie und Kultur Einzug gehalten. Über

1000 Züge rollen täglich in den Hauptbahnhof ein und machen ihn damit zum meistfrequentierten Eisenbahnknotenpunkt in Deutschland.

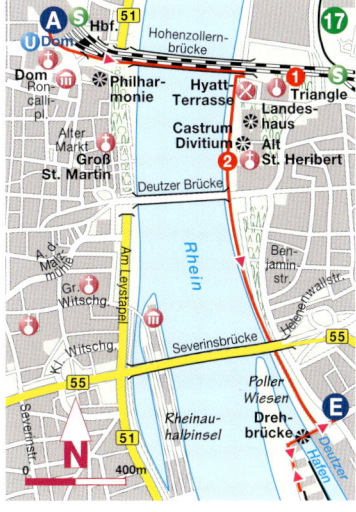

Wir müssen erst einmal hinüber nach Deutz auf die »Schäl Sick« und nutzen dazu die nahe, nur für Fußgänger und den Bahnverkehr gedachte **Hohenzollernbrücke**. Sie entstand bis 1911 nach Plänen und Berechnungen von Franz Schwechten und Fritz Beermann und wirkt mit ihren drei riesigen eisernen Fachwerkbögen sehr eindrucksvoll. Die Reiterstandbilder auf den Brückenköpfen stellen Friedrich Wilhelm IV., Kaiser

Rechtsrheinisch ist die Szenerie mit Hohenzollernbrücke und Dom besonders prächtig.

119

Reiterstandbilder derer von Hohenzollern

Wilhelm I., Kaiser Friedrich III. und Kaiser Wilhelm II. aus dem Geschlecht der Hohenzollern dar, denen die Brücke ihren Namen verdankt. Vor allem bietet diese aber auch eine herrliche Sicht auf die Altstadt und den Dom. Unvergesslich ist ihr Anblick bei Dunkelheit, wenn sowohl Brücke als auch Kathedrale in ihrer Illumination erstrahlen.

Eine Treppe am Reiterdenkmal führt uns direkt hinunter zum Glaspalast des Hyatt-Hotels mit dem großen Biergarten davor. Ganz nah ist auch der Aussichtsturm »Triangle«. Noch ein paar Schritte, dann ist die **Rheinpromenade** am Kennedy-Ufer erreicht. In wunderschöner Atmosphäre bummeln wir Richtung Süden – immer im Blick die andere Flussseite mit der einzigartigen Silhouette von Dom, histori-

Direkt an der Rheinpromenade liegt der Biergarten des Hyatt-Hotels.

schem Rathausturm und **Groß St. Martin**. Die Gewölbebasilika staufischen Ursprungs mit dem einprägsamen Vierungsturm repräsentiert den Stil zwischen 1150 und 1250 im Rheinland. Auch sie wurde im Zweiten Weltkrieg nicht verschont und konnte erst 1985 wiederhergestellt werden.

Doch auch auf unserer Seite gibt es einiges zu sehen: z. B. das **Landeshaus**, ein Verwaltungsgebäude des Landschaftsverbands Rheinland von 1957/58. Das Gebäude in Stahlskelettbauweise umschließt einen viereckigen Innenhof und war für die damalige Zeit sehr modern. »**Castrum Divitium**« hieß das ehemalige römische Kastell, das um 310 erbaut worden war und von dem noch die gut erhaltenen Fundamente eines früheren Ausfalltors an unserem Weg zu entdecken sind.

Das »Triangle« lockt mit toller Aussicht.

»Kölner Lichter«

Ein faszinierendes Schauspiel: Jedes Jahr am 2. Juliwochenende werden die »Kölner Lichter« in der Altstadt direkt am Rhein inszeniert. Nicht nur das märchenhafte Höhenfeuerwerk, synchron zur speziell komponierten Musik, sondern auch noch etliche weitere Highlights, wie etwa das »Night Glowing« der Heißluftballons oder der abschließende Schiffskonvoi, lassen das Altstadtfest immer wieder aufs Neue zu etwas ganz Außergewöhnlichem werden. Wer nicht mittendrin sein möchte: Von der Deutzer Seite ist die Sicht besonders schön hinüber zur Altstadt.

**Die hübsche Kirche
Alt St. Heribert in Deutz**

Nur ein Stückchen weiter, noch vor dem großen Gebäude der Lufthansa, steht **Alt St. Heribert** ❷. Erzbischof Heribert gründete einst diese Kirche der Benediktinerabtei. Gleich zweimal wurde sie im 14. Jahrhundert und noch ein weiteres Mal im 16. Jahrhundert fast zerstört, um 1659 neu erbaut zu werden. Die schweren Schäden durch den Zweiten Weltkrieg beseitigte man bis 1977. Deutz hat seit 1896 mit dem mächtigen neuromanischen Neu St. Heribert ein weiteres Gotteshaus zu Ehren des Erzbischofs, das auch den Heribertschrein beherbergen darf.

Hinter der Deutzer Brücke herrschte einmal das laute Treiben der Deutzer Werft; inzwischen ist hier alles begrünt worden.

»Schäl Sick«

Die »Blinde Seite«: In früheren Zeiten wurden die Schiffe meist auf der rechten Rheinseite von Pferden stromaufwärts gezogen. Diese hatten Scheuklappen, um nicht von der Sonne, die sich im Wasser spiegelte, geblendet zu werden; sie waren dadurch »schäl« (= blind, schielend). Dies übertrug man dann im weiteren Sinn auf die gesamte rechtsrheinische Seite Kölns.

Es gab aber auch historische Vorurteile zwischen beiden Rheinseiten. So lag das Kastell Divitia (abgeleitet »Deutz«) für die Römer im Barbarenland, und im späteren »heiligen Köln« hielt man die Bewohner jenseits des Rheins für Heiden. Das bis 1881 von einer Stadtmauer geschützte Köln verwehrte den rechtsrheinischen Orten eine entsprechende Sicherung, und so nahm man an, dass sich dort nur ansiedelte, wer in Köln nicht geduldet war.

Über den Fluss hinweg können wir den Malakoffturm und die **Rheinauhalbinsel** ausmachen, auf der die Gebäude von Schokoladenmuseum und Sportmuseum erkennbar sind.

Jetzt kreuzen wir unterhalb die Severinsbrücke, und natürlich ziehen anschließend die außergewöhnlichen **»Kranhäuser«** im Bereich des alten Rheinauhafens unsere Blicke magisch an.

Nun haben bereits die **Poller Wiesen** begonnen, die hier eine Art Halbinsel zwischen Rhein und Deutzer Hafen bilden. Noch vor dem ehemaligen Hafengelände und den Hafenbecken gelangen wir über die Drehbrücke und am Hafenamt vorbei auf die von Büschen und Bäumen aufgelockerte grüne Oase. Man könnte jetzt fast fünf Kilometer den Rhein entlang bis zur Rodenkirchener Brücke wandern. Im Sommer tummeln sich auf den Wiesen mit Vorliebe Familien beim Picknick und jede Menge Sonnenanbeter. Wir verlassen aber nach einem Spaziergang die Poller Wiesen wieder über die Drehbrücke und erreichen in unmittelbarer Nähe die Stadtbahn-Haltestelle.

Immer wieder imposant: der Dom, betrachtet von der »Schäl Sick«

18 In Rodenkirchen

Ausflug ins Grüne

Ein Spaziergang in Rodenkirchen – das heißt, wir sind im Grünen! Friedenswald und Forstbotanischer Garten, zudem das Fluss-idyll am Rhein mit seiner Leinpfadpromenade sowie schöne Gast-stätten wie das originelle Hausboot »Alte Liebe« liegen an unserem Weg.

■ **Dauer**
3 Std.
■ **Route**
Maternusstraße, Wilhelm-straße, Frankstraße, Haupt-straße, Rodenkirchener Brücke, Rodenkirchener Leinpfad, Uferstraße, Wilhelm-Rathenau-Straße, Blücherstraße, Ringelnatz-straße, Grüngürtelstraße, An den vier Linden, Römer-straße, Friedenswald, Forstbotanischer Garten, Friedrich-Ebert-Straße
■ **Ausgangspunkt**
Stadtbahn-Haltestelle »Rodenkirchen«
■ **Ziel**
Stadtbahn-Haltestelle »Rodenkirchen«
■ **Verkehrsanbindung**
U-Bahn-Linie U16 (ab Haltestelle »Poststraße« als Stadtbahn)

Die Kirche St. Maternus

Unser Spaziergang beginnt am **Bahn-hof Rodenkirchen**. Um hinunter zum Rhein zu gelangen, müssen wir noch ein kleines Stück durch den Ort – und der hat den Ruf, nur von Millionären

bewohnt zu sein. Das ist vielleicht ein wenig übertrieben, aber ärmlich wirkt es hier nicht unbedingt. Erst seit 1975 gehört Rodenkirchen durch die Gebietsreform zu Köln.

Zu Beginn spazieren wir also ein Stück der Maternusstraße nach Richtung Zentrum, dann geht es am Maternusplatz links in die Wilhelmstraße und anschließend rechts in die Frankstraße, die kurz darauf gegenüber der St.-Maternus-Kirche, einem schlichten Backsteinbau, endet. Jetzt noch einmal links der Hauptstraße

Schöne Aussicht verspricht das »Quetsch« am Rodenkirchener Rheinufer.

entlang, dann führt uns diese direkt auf die **Rodenkirchener Brücke** zu und dabei am Restaurant »Quetsch – In der schönen Aussicht« vorbei.

Wir unterqueren die Brücke aus dem Jahr 1941, die allerdings nach dem Krieg bis 1954 wiederaufgebaut werden musste und in den 1990er-Jahren mit der Verbreiterung der Fahrbahn und mit zusätzlichen Pfeilern modernisiert wurde. Die Rheinbrücke verbindet die linksrheinische Autobahn Köln–Bonn (A 559), die bereits Ende der 1920er-Jahre fertig war, mit der A 3 Hamburg–Frankfurt; unter dem Namen »HAFRABA« galt diese Reichsautobahn in der Nazizeit als vorrangiges Projekt.

Täglich ab 11 Uhr wird der Steg zum traditionsreichen Hausboot »Alte Liebe« für die Gäste geöffnet.

Wenige Meter hinter der Brücke steigen wir über eine kurze, steile Treppe hinunter ans Rheinufer, das vom **Rodenkirchener Leinpfad** begleitet wird. Der asphaltierte Weg ist sehr beliebt und wird gern von Fußgängern, Radfahrern und Skatern genutzt, sodass es bei gutem Wetter hier auch schon mal ein bisschen eng werden kann. Wir schließen uns dem idyllischen Uferweg an und schlendern rheinaufwärts. Gleich zwischen Ufer und Brücke sind Slalomtore eines Kanuclubs montiert. Lustig: Bei Niedrigwasser hängen sie hoch in der Luft. Wunderschön ist auf der Strecke auch der Blick zurück, denn man sieht hinüber zum Dom.

Schnell ist die schwimmende **Gaststätte »Alte Liebe«** ❶ erreicht. Einiges an Pech musste das an diesem Flussabschnitt älteste Hausboot schon wegstecken, doch ob rammende Frachter oder ein Brand – das viel besuchte Ausflugslokal erfreut nach wie vor in seinem traditionellen Rot-Weiß-Rot die Besucher.

Bald beginnen zur Rechten die Hochwasserschutzmauern. Wer den Vorzug hat, in einem der Wohnhäuser oberhalb zu leben, der wird mit einem besonders prächtigen Blick auf den Rhein verwöhnt. Über eine Treppe in der Mauer käme man auch noch einmal zum Restaurant »Quetsch«. Die herrliche Rheinatmosphäre nimmt uns gefangen, weitere Hausboote laden zur Einkehr ein, und am Abzweig Kirchstraße wartet das bekannte **Gasthaus »Zum Treppchen« ❷**. Gleich anbei fällt das schmucke schwarz-weiße Fachwerkhaus vom »Fährhaus« auf. Eine malerische Ecke ist das hier nahe der kleinen Kirche.

Gleich mehrere schwimmende Hausboote warten auf die Ausflügler.

»Zum Treppchen«

In Nachbarschaft zum urigen »Fährhaus« im schwarz-weißen Fachwerkgewand erwartet uns eine weitere Gaststätte fast unmittelbar am Rodenkirchener Leinpfad: das weithin bekannte Lokal »Zum Treppchen« in gleichfalls schnuckeligem Fachwerkhaus. Bei gutem Wetter lädt es mit seinem gemütlichen Gartenrestaurant zum Essen im Freien ein (Kirchstr. 15). Zu etwas Besonderem macht es auch der häufig prominente Besuch, wie zahlreiche Fotos an den Wänden im Gastraum dokumentieren. Bunt gemischt präsentiert sich das Publikum, von Jetset bis zum ganz normalen Ausflügler trifft sich dort alles.

Manch prächtiges Wohnhaus steht oberhalb der Rheinpromenade.

Noch folgen wir weiter der Promenade und verlassen erst dann die Uferstraße, wenn die Wilhelm-Rathenau-Straße von rechts einmündet. An Baukunst Interessierte werden mit den Häusern der Uferstraße Nr. 1, Im Park Nr. 2, 6, 8 und der Wilhelm-Rathenau-Straße Nr. 27 und 29 die besondere Stilform des Neuen Bauens entdecken können, denn hier verwirklichte eine Gruppe Architekten um Hans Schumacher von 1929 bis 1933 ein international bekanntes Projekt. Es entstanden in schlichtem Weiß verputzte, zwei bis drei Etagen zählende Häuschen. Zum Schutz vor Hochwasser plante man in den auf verhältnismäßig kleiner Grundfläche errichteten Gebäuden die Wohnräume von vornherein für den ersten und zweiten Stock ein.

Von der Wilhelm-Rathenau-Straße biegen wir links in die Blücher-, später Ringelnatzstraße ein. An ihrem Ende leitet uns die alleeartige, ruhige Grüngürtelstraße am Ortsrand weiter. Von der Römerstraße nur noch schnell links bis zur Kreuzung vor, wo uns an der Schillingsrotter Straße die grüne Oase des **Friedenswalds** ❸ empfängt. Eine wunderbare Idee liegt diesem Park zugrunde, der im Sommer täglich von 9 bis 20 Uhr geöffnet ist: Hier wurden in den 1980er-Jahren Bäume und Sträucher aus all den Ländern eingesetzt, die mit der damaligen Bundesrepublik in diplomatischen Beziehungen standen. Einzig Länder mit tropischen oder subtropischen Bedingungen findet man durch stellvertretende Gehölze symbolisiert.

Im fließenden Übergang gelangen wir in den **Forstbotanischen Garten**, der uns Gartenkultur und Wälder dieser Erde näher bringen möchte. Faszinierende Beispiele sind der Japanische Garten und die Rhododendronschlucht, die Pfingstrosenwiese oder der Heidegarten, und beeindruckend präsentiert sich ebenso der anderthalb Hektar große nordamerikanische Mischwald. An seiner nördlichsten Ecke verlassen wir den Park. Zehn Minuten sind es jetzt noch zurück zur Stadtbahn-Haltestelle, und die erreichen wir über die Friedrich-Ebert-Straße.

»Finkens Garten«

Für Kinder gibt es an der Friedrich-Ebert-Str. 49 noch etwas Besonderes: »Finkens Garten« ist ein Kindererlebnisgarten – auch für Erwachsene –, der nur am Wochenende und feiertags ganzjährig von 8–18 Uhr geöffnet ist.

Rheinabwärts ist der Dom auszumachen.

19 An die Zündorfer Groov

In den südlichsten Zipfel Kölns

Fischer, Schiffer und Kaufleute waren einst in dem kleinen Städtchen Zündorf zu Hause. Bis heute hat es viel von diesem vorindustriellen Flair bewahrt. Hübsche, alte Häuser und Hofanlagen prägen noch immer den bergischen Rheinort. Ein Erlebnis sind die kleinen Binnenseen der Zündorfer Groov und eine Überfahrt mit der Fähre.

■ **Dauer**
1.30 Std.
■ **Route**
Wahner Straße, Neuhöfers-gässchen, Marktstraße, Am Markt, Leinpfad, Fähre nach Weiß, Weißer Leinpfad, Am Treidelweg, Pflasterhofweg, Weidengasse, Weißer Haupt-straße, Georgstraße, Weißer Leinpfad, Fähre, Am Markt, Burgweg, Keimergasse, Wahner Straße
■ **Ausgangspunkt**
Stadtbahn-Haltestelle »Zündorf«
■ **Ziel**
Stadtbahn-Haltestelle »Zündorf«
■ **Verkehrsanbindung**
Stadtbahn-Linie 7

Historisches Fachwerkambiente in Zündorf

Los geht es an der Wahner Straße. Wir spazieren Richtung Rhein, wechseln in das Neuhöfersgässchen und von dort in die Marktstraße. Der frühere Landesherr, Herzog von Berg, forderte etwa vom 15. Jahrhundert an in Zündorf einen Rheinzoll. Die Wurzeln des Orts lassen sich sogar bis zum Jahr 1009 zurückverfolgen. Das aus Nieder- und Oberzündorf bestehende bergische Örtchen profitierte schon früh davon, dass Köln das Stapelrecht besaß, welches durchziehende Kaufleute dazu verpflich-

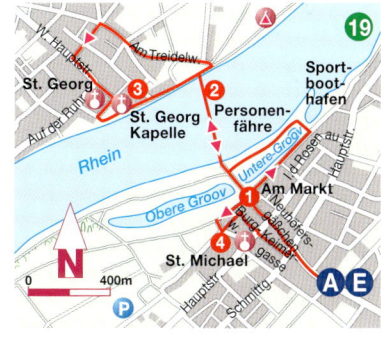

tete, ihre Waren in der Stadt anzubieten. Um dem aus dem Weg zu gehen, wurde die Handelsfracht auf dem Landweg von Zündorf nach Mülheim transportiert und so das damalige Stadtgebiet Kölns gemieden. Die ältesten noch erhaltenen Fachwerkhäuser Zündorfs aus dem 17. Jahrhundert findet man heute an der Marktstraße Nr. 6, der Hauptstraße Nr. 161, der Gütergasse Nr. 3 und dem Burgweg Nr. 9. Einen kleinen Abstecher ins Zentrum könnte man jetzt schon oder erst am Ende der Runde einplanen. An der Hauptstraße Nr. 181 steht der heute museal genutzte sogenannte »Zollturm«. Zwar gab es einst einen vor 1380 erbauten Wohnturm der Ritter von Zündorf, der zu einer burgartigen Hofanlage gehörte, doch erhalten geblieben ist nur das 1771 errichtete Wohnhaus.

Am **Markt** ❶ haben sich am weitläufigen gepflasterten Platz mehrere Gastronomiebetriebe angesiedelt und unter großen Sonnenschirmen ihre Tische und Stühle aufgebaut. Bei gutem Wetter ist viel los, da auch Radfahrer, Jogger und Inliner den Platz queren, um dem Leinpfad zu folgen – beschaulich den Rhein entlang, sind es immerhin 13 Kilometer bis zur Kölner Innenstadt. Besonders schön machen den Marktplatz die sehenswerten alten Häuser am Rand des Areals.

Am Weißer Rheinufer

Zur anderen Seite genießt man dagegen den freien Blick zu den kleinen Seen mit den dahinter aufragenden Bäumen im ausgebauten **Naherholungsgebiet an der Rheinhalbinsel**, das einen weiteren Anziehungspunkt dar-

stellt. Dort kann man Rudern oder Tretboot fahren, es gibt eine Minigolf- und eine Skatbordanlage, und die Cafés sowie einladende Wanderwege haben sich zum beliebten Freizeittreff entwickelt. Und den haben wir sogleich erreicht. Eine Fontaine versprüht je nach Windrichtung ihre feinen Wassertröpfchen.

Muschelstrand am »Rhing«

Die »Kölnkrokodile«

....

Sehr beschaulich ist die Fahrt mit der Personenfähre zwischen Zündorf und Weiß – ein Highlight, das man unbedingt einmal erlebt haben sollte. Die kleinen Schiffe hören auf die schönen Namen »Krokodil«, »Frika« und »KroKoLino«. Im März verkehren sie nur an den Wochenenden, ab April dann täglich. Genauere Infos gibt es unter www.faehre-koelnkrokodil.de.

Weiter führt uns der **Leinpfad** entlang der Unteren Groov. Gemütlich umrunden wir den idyllischen See und kommen dabei dem Sportboot- und Jachthafen Zündorf am Rhein recht nahe, der in einer kleinen Bucht der Groov seinen geschützten Platz hat. Wer mag, hängt am Ende gleich noch die wie durch einen schönen Park verlaufende Runde um die Obere Groov an.

Anschließend lassen wir uns eine Überfahrt mit einer der kleinen Personenfähren nicht entgehen und unternehmen einen Abstecher hinüber nach Weiß. Immer wieder ist das **Übersetzen per Fähre** ❷ über den Rhein ein eindrucksvolles Erlebnis, und ganz speziell dann, wenn man nicht allzu oft diese Gelegenheit hat. In **Weiß** angekommen, schlendern wir auf dem Leinpfad ein Stück den Rhein hinunter und schließen einen kleinen Schlenker in

Zu sehen an der St.-Georg-Kirche

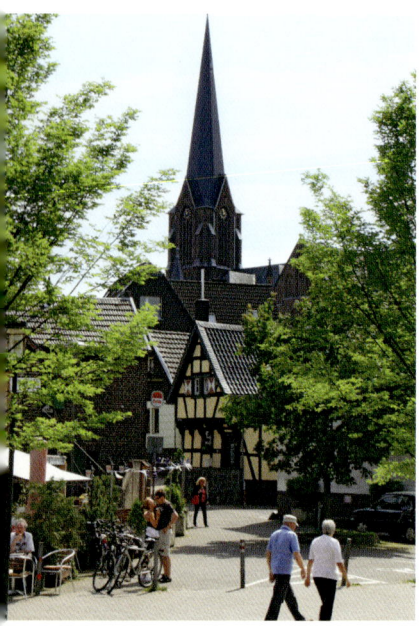

Zündorf mit der Kirche St. Michael lädt zum Bummeln ein.

den Ort an. Nach dem Sträßchen Am Treidelweg – das darauf hinweist, dass auch hier in Weiß früher die Schiffe mit langen Tauen die Strömung hinauf gezogen, also getreidelt wurden – biegen wir von der Straße Pflasterhofweg links in die Weidengasse.

An der Weißer Hauptstraße wartet kurz darauf die sehenswerte **St.-Georg-Kapelle** ❸ auf unseren Besuch, die wie die anschließende Pfarrkirche zum Kulturpfad Rodenkirchen gehört. Danach laufen wir rechts zwischen Kapelle und Spielplatz der Georgstraße folgend auf die **Pfarrkirche St. Georg** zu, die 1953/54 ganz nahe am Rheinufer errichtet wurde. Auch hier klärt uns ein interessantes Infoschild über die Besonderheiten des Gotteshauses auf. So setzt beispielsweise eine Ewig-Licht-Ampel im Rundfenster über dem Altar die Tradition der Schifferleuchten fort.

Kapelle und Kirche St. Georg sind Teil des Rodenkirchener Kulturpfads.

Noch vor der Kirche spazieren wir links durch einen Durchgang zur **Rheinpromenade**. Eine Bank lädt dazu ein, die Aussicht auf den Strom so richtig zu genießen. Dann bringt uns eine Treppe hinab zum Weißer Leinpfad, an dem wir auch den Fähranleger erneut erreichen. Beim Blick von der

Ein schöner Ort zum Innehalten – die Kapelle St. Georg

Fähre auf Zündorf fallen uns die beiden Kirchen auf, denn Ober- und Niederzündorf verfügen jeder über eine eigene. Die Martinskirche Oberzündorfs mit ihrem untersetzten romanische Stilformen aufweisenden Westturm, dessen Kern aus dem 12. Jahrhundert stammt, wurde Ende des 18. Jahrhunderts aus unverputztem Bruchstein in Kombination mit Ziegeln neu erbaut.

An der **St.-Michael-Kirche** ❹ führt unser Rückweg vorbei. Die romanische Saalkirche mit Rautenhelm auf dem Turm steht am Burgweg im Zentrum des Kirchhofs von **Niederzündorf**. Zum Schluss gelangen wir vom Burgweg über die Keimergasse wieder in die Wahner Straße.

Die kleine Kapelle St. Georg

20 Nach Müngersdorf ins Zentrum des Sports

RheinEnergieStadion, Jahnwiesen und Sporthochschule

»Tor im Müngersdorfer Stadion!« Diesen Ruf kennt wohl jeder noch von den Radioübertragungen der Fußballbundesliga. Seit 2004 spielt der 1. FC Köln an selber Stelle im neuen, topmodernen RheinEnergie Stadion. Und drumherum gibt es viele weitere attraktive Sportstätten inmitten einer erholsamen Natur.

■ **Dauer**
2 Std.
■ **Route**
Karl-Winkler-Weg, Junkersdorfer Straße, Jahnwiesen, Guts-Muths-Weg, Statthalterhofallee, Paul-Finger-Straße, Am Frankenhain, Am Heidenberg, Am Römerhof, Olympiaweg, RheinEnergie Stadion, Oskar-Rehfeldt-Weg, Aachener Straße
■ **Ausgangspunkt**
Stadtbahn-Haltestelle »Alter Militärring«
■ **Ziel**
Stadtbahn-Haltestelle »RheinEnergieStadion«
■ **Verkehrsanbindung**
Stadtbahn-Linie 1

Vom **Alten Militärring** führt unsere Route in den Karl-Winkler-Weg, der uns direkt Richtung Stadtwald bringt. Kölns sportliches Zentrum befindet

Das »Zuhause« des 1. FC Köln

sich in herrlicher Umgebung und wurde im Äußeren Grüngürtel angelegt. 1923 begann man rechts und links des Militärrings auf dem ehemaligen äußeren Festungsring Kleingärten, Sport- und Naturbereiche einzurichten. Zu ihnen gehörten der Adenauer- und der Decksteiner Weiher sowie die Jahnwiesen, die sich di-

rekt am zeitgleich entstandenen ersten Müngersdorfer Stadion erstreckten. Wegen der hohen Arbeitslosigkeit konnten zeitweise bis zu 3000 sogenannte »Notstandsarbeiter« verpflichtet werden, um die umfangreichen Pläne zu realisieren.

An der Junkersdorfer Straße sehen wir als Erstes das Gelände des bekannten Leichtathletik-Vereins ASV Köln. Gleich da-

hinter schließt sich die »Schwimmkampfbahn« an, die heute als öffentliches Freibad für alle zur Verfügung steht. Möglich, und wenn genügend Zeit vorhanden dringend anzuraten, wäre jetzt schon ein ausgedehnter Abstecher in den **Kölner Stadtwald**, der zur Linken neben der Straße beginnt und in den Äußeren Grüngürtel integriert ist. Viele schöne Wanderwege durchziehen das Park- und Waldgebiet, das diesen Spaziergang um eine weitere Facette bereichern kann.

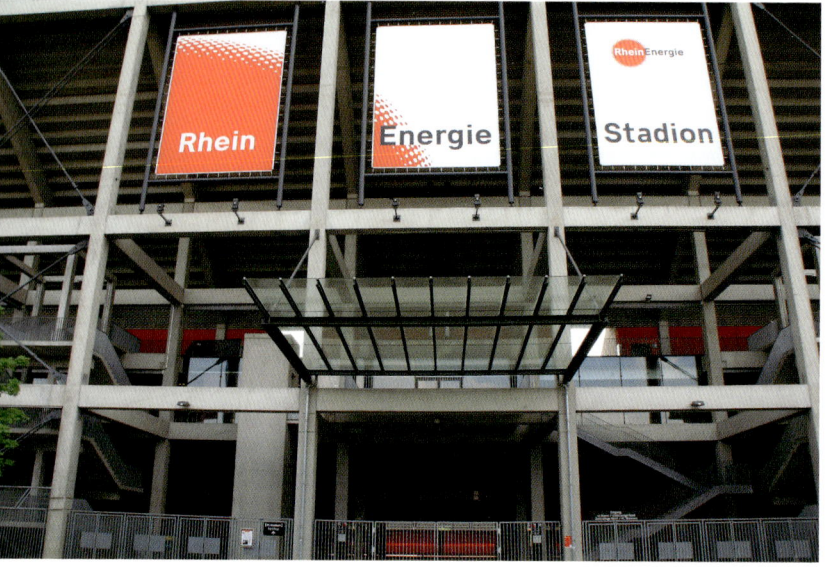

Aus dem Müngersdorfer Stadion wurde 2004 das neue RheinEnergieStadion.

Als riesengroße Spiel- und Sportwiese präsentieren sich gleich darauf die **Jahnwiesen** ❶, an deren gegenüberliegender Seite bereits der Obelisk des Jahn-Denkmals auszumachen ist, das »Turnvater Jahn« zu Ehren errichtet wurde. Der Pädagoge und Politiker Friedrich Ludwig Jahn (1778–1852) gilt als Begründer der Turnbewegung in Deutschland. Auf dem Guts-Muths-Weg – Johann Christoph Friedrich Guts-Muths (1759–1839) war Reform- und Turnpädagoge und verfasste das Buch »Gymnastik für die Jugend« – umrunden wir die Jahnwiesen, deren Südseite auf einer von großen Bäumen beschatteten Anhöhe liegt. Auch hier könnte man in den Stadtwald abbiegen und den gar nicht weit entfernten Adenauer-Weiher besuchen, der im Winter gern mal von den Kindern als »wilde« Eisbahn genutzt wird, wenn es denn kalt genug ist.

Vor dem Bundesleistungszentrum Hockey und Judo wenden wir uns nach links und machen einen Schlenker, um uns die sogenannte **Gartenstadt Stadion** einmal anzusehen. 1930 entwarf man für den heutigen Vorort Junkersdorf im Stil des »Neuen Bauens« um die in der Mitte gelegene Statthalterhofallee eine Ladenstraße, eine Schule und etwa 250 Wohnhäuser verschiedener Haustypen. Neben der Weltwirtschaftskrise beendeten auch die Nationalsozialisten das Projekt, denn sie wollten den »Internationalen Stil« nicht. Nur 30 Häuser wurden realisiert, zu denen sich später auch andere Bauvorhaben gesellten.

> ## Zum Kaffeetrinken in die Trainerakademie
>
> Die Trainerakademie arbeitet eng mit der Sporthochschule zusammen. Wir sehen sie an der westlichen Seite der Jahnwiesen am Guts-Muths-Weg Nr. 1. Kleiner Tipp: Man kann in der dortigen Cafeteria mit schöner Terrasse sehr nett Kaffee trinken.

Sind wir anschließend Am Römerhof angekommen, passieren wir die **Deutsche Sporthochschule ❷**. Sie ist als technisch auf dem neuesten Stand ausgerüstete Einrichtung der Anziehungspunkt für Spitzensportler aus aller Herren Länder und mit 19 unterschiedlichen Sportinstituten wegweisend. In der Tradition und Fortsetzung der Deutschen Hochschule für Leibesübungen wurde die Sporthochschule 1947 gegründet und hat aktuell gut 5000 eingeschriebene Studierende. Die enge Zusammenarbeit mit der Hochschule weiß auch die nahe Trainerakademie zu schätzen.

Rund um den Sport gibt es viel zu entdecken.

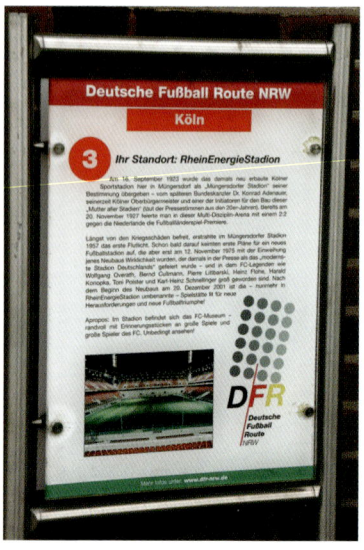

Info-Tafel der Deutschen Fußball Route NRW

Vor dem Hauptgebäude geht es rechts in den Olympiaweg. Er führt vorbei am neuen Radstadion Köln (Albert-Richter-Bahn), das linker Hand auszumachen ist und zu den modernsten Radrenn-Anlagen Europas zählt. Vor uns dann haben wir das gewaltige **RheinEnergieStadion** ❸ im Blick, dessen rote Backsteingebäude im Eingangsbereich noch aus der Zeit des ersten Müngersdorfer Stadions stammen und ein bisschen streng und förmlich wirken. Das kann man vom Neubau nun wirklich nicht behaupten, denn das Sportstadion hält jedem Vergleich mit anderen Topstadien Deutschlands stand und lädt darüber hinaus zu Rock- und Popkonzerten der Extraklasse ein.

Unser Spaziergang leitet uns im großen Bogen um die Fußballarena herum. Natürlich kann man aber auch erst einmal (oder zum Schluss) den frei zugänglichen Teil mit Museum, Restaurant und Fanshop erkunden. Doch durch den transparenten Gitterzaun am Wegesrand ist ebenfalls einiges zu erkennen, und sogar der Rasenplatz wird sichtbar.

Tipp für die Weihnachtszeit: Aus den Flutlichtmasten wird im Advent der größte Adventskranz der Welt!

Auf der anderen Seite des Weges erstreckt sich das Areal für den Beach-Sport, das sich aber wegen der umstehenden kleinen Holzhäuser nur erahnen lässt (Infos unter www.playa.de).

Heimspiele

Fußball hat Tradition im Stadtteil Müngersdorf. Schon 1923 entstand das erste Stadion, und bereits damals setzte es Maßstäbe, war die größte Sportarena hierzulande. Um den neuen Anforderungen gerecht zu werden, errichtete man 1975 das zweite Müngersdorfer Stadion, das als Erstes in Deutschland überdachte Zuschauerplätze hatte und für große Konzerte, wie z. B. das der Rolling Stones, genutzt wurde. Seit 2004 kann der 1. FC Köln seine Fans im RheinEnergieStadion zu Heimspielen empfangen. Wie seine Vorgänger gehört auch dieses selbstverständlich national zu den modernsten seiner Zeit und ist deshalb ebenso Austragungsort internationaler Fußball-Begegnungen. Das FC-Museum, der Fanshop und ein Restaurant laden zum Besuch ein; ins Stadion selbst kommt man nur per Führung.

Sind wir auf der Ostseite angekommen, sehen wir rechts das neue Rugbystadion. Anschließend erreichen wir zum Abschluss erneut den Eingangsbereich des Fußballstadions und nehmen für den Rückweg den Oskar-Rehfeldt-Weg zur Aachener Straße.

Zwischen Olympiaweg und Aachener Straße liegt das neue Radstadion Köln.

Orts- und Sachregister

Impressum

Lizenzausgabe mit freundlicher Genehmigung
© 2011 Bruckmann Verlag GmbH, München
Titel der Originalausgabe: Die schönsten Kölner Stadtspaziergänge.
Karneval, Kölsch und 2000 Jahre Geschichte

Bildnachweis: Alle Aufnahmen im Innenteil stammen vom Autor.

Die Deutsche Nationalbibliothek verzeichnet diese Publikation in der Deutschen
Nationalbibliografie; detaillierte bibliografische Daten sind im Internet unter
http://dnb.d-nb.de abrufbar.

© dieser Ausgabe 2017 Anaconda Verlag GmbH, Köln
Alle Rechte vorbehalten.
Umschlagmotiv: »Cologne old town«, © telesniuk/Shutterstock
Umschlaggestaltung: total italic (Thierry Wijnberg), Amsterdam/Berlin
Printed in Czech Republic 2017
ISBN 978-3-7306-0436-6
www.anacondaverlag.de
info@anacondaverlag.de